名师名校名校长

凝聚名师共识
团结名师关怀
打造名师品牌
培育名师群体

珍和力量向上生长

广东省黄珍名师工作室实践与探索

黄珍／主编

中国文联出版社

图书在版编目（CIP）数据

珍和力量　向上生长：广东省黄珍名师工作室实践与探索 / 黄珍主编. — 北京：中国文联出版社，2024.3

ISBN 978-7-5190-5457-1

Ⅰ. ①珍…　Ⅱ. ①黄…　Ⅲ. ①中小学—教学研究　Ⅳ. ①G632.0

中国国家版本馆CIP数据核字（2024）第060198号

主　　编　黄　珍
责任编辑　刘　旭
责任校对　秀点校对
装帧设计　刘贝贝　李　娜

出版发行　中国文联出版社有限公司
社　　址　北京市朝阳区农展馆南里10号　　邮编　100125
电　　话　010-85923025（发行部）　010-85923091（总编室）
经　　销　全国新华书店等
印　　刷　三河市龙大印装有限公司

开　　本　710毫米×1000毫米　1/16
印　　张　15.25
字　　数　256千字
版　　次　2024年3月第1版第1次印刷
定　　价　58.00元

编委会

序 言

珍和力量　向上生长！

——写给珍和家人们的话

亲爱的珍和家人们：

回想2018年11月12日上午，广东省黄珍名师工作室揭牌暨开班仪式现场，珠海市香洲区教育局朱秀湖局长、龚德万副局长，香洲区教师发展中心李自力主任、杨长江副主任以及各位珍和工作室顾问、团队成员齐聚一堂，共同参加揭牌仪式，仪式虽简单，但隆重且意义深远。

你们是我第二届省名师工作室的学员，转眼间，你们就要结束三年的研修学习了。这些天我感慨万千，万般不舍。因为缘分，我们相聚珍和。我很荣幸能够认识你们这样一群优秀的同行，共度这样一段难忘的学习旅程，欣赏一路美丽的风景，更难得的是收获了一片如此可贵的情谊！

三年的相处中，我们就如一家人，一起学习、交流、研讨、听课、吃饭、拉家常……我常常因你们的好学和坚持而感动，每当听到有老师说自己在教学理念、课堂教学或是课件制作等方面有很大进步和突破时，我很欣慰！每当看到我们的团队成员积极参与工作室活动，或上课、讲座或分享课例时，我真心为大家骄傲！你们有着对专业的执着追求，对自己的严格要求，对友人的热情大方。每当看到大家积极互助时，我为有这样的团队而自豪！这也正是我一直用心打造的阳光、充满正能量的珍和团队，大家用行动很好地诠释了咱们工作室的精神："独行速，众行远。"

三年研修期间，大家为了上好研讨课，做了大量的准备，精心备课，制作精美课件，克服诸多困难，以高标准、严要求对待自己。每位老师的课风格各异，或清新婉约，或热情奔放，给了我大大的惊喜和意外。我想说的是，其实我们有时不必跟别人比，我们能够突破专业发展瓶颈、超越自我就是最棒的！真心为大家点100个赞！

三年珍和时光，我感受着各位家人的变化和进步，喜悦万分！大家在一起结识优秀同行，交流分享资源；理论知识增长，教学技能提高；专业素养提升，教科研能力加强；输入且输出，内化外化并行；职称职务晋升，引领辐射面拓宽；眼界得以拓展，视野更加开阔。我们不断成长，更不忘利他！为培养具有可持续发展意识和能力的老师和未来公民，珍和团队一直在行动着！

当你们走向我的时候，我原想收获一缕春风，你们却给了我整个春天；我原想捧起一簇浪花，你们却给了我整个海洋；我原想撷取一片红叶，你们却给了我整个树林……三年来，因你们而感动，因你们而幸福，因你们而骄傲。

两届五年的奋斗历程，作为主持人，我马不停蹄，勇往直前，在不经意间收获了可贵的成长：广结善缘，交流分享，开阔眼界，综合能力得以提升；发展自己，成就团队，培养骨干，产生成果；发掘优才，搭建展示平台，促进区域联动；跨界研究，多元融合，统整育人；赴美研修，理性思考，吸收精华，重新理解批判性思维。我力争成为一名具有中国心、国际眼、全球脑的主持人。

亲爱的珍和家人们，暂别珍和，期待重逢。情谊长存，铭记于心。感恩再感恩，祝福再祝福，牵手再牵手。幸福弥漫心田，友谊天长地久！珍和工作室永远欢迎你们，记得常回家看看！感恩珍和时光！感激一路同行的你们！感谢自己克服一切困难，乘风破浪，不辱使命！我告诉自己：我所有的努力和付出都是值得的！

在我心中，"成长"是最美的词，也是我们专业发展的关键词，成长是解决一切问题的办法。成长路上，因为你们，我充满力量。让我们共勉：永远感激给予我们机会的人！永远感谢用心栽培我们的人！永远感恩一路帮助我们的人！永远铭记愿意提携我们的人！当我足够好，才能遇到您！

谨以此书记录广东省黄珍名师工作室各学员成长的历程。特此鸣谢在珍和工作室起步和发展过程中给予大力支持和帮助的各位领导、同行及亲友们！“友”你们“珍”好！

本书不足之处在所难免，恳请批评指正！万分感谢！

黄 珍

2023年3月于珠海香洲珍和工作室

目 录

第三章 珍和实践

第四章　珍和辐射

第一章

珍和团队

珍和力量 多元亮剑

主持人简介

一、广东省黄珍名师工作室主持人简介

图1-1

黄珍（图1-1），小学英语高级教师，从事中小学教学24年，先后担任英语教研组组长、团支部书记、教研主任、副校长（挂职）。先后获得广东省第三批（2015—2017年度）中小学教师工作室主持人（省厅考核为“优秀”）、广东省（2018—2020年度）中小学名教师工作室主持人、广东省名师工作室顾问、广东省两所师范院校客座教授、2018年广东省本科高校师范生教学技能大赛评委、广东省骨干教师培养对象、珠海市名师、珠海市先进教师、珠海市青年骨干教师、两届香洲区小学英语学科带头人、香洲区中小学教师培训专家资源库成员、香洲区优秀共产党员、香洲区“巾帼建功服务之星”等荣誉称号。个人课例曾获“一师一优课”部级优课。2019年被省教育厅选派赴美国参加哥伦比亚大学高级研修班。个人先后15次接受报纸、电视台专访及报道。

个人主持和参与各级各类课题研究10多项，发表在各级各类刊物上的文章30余篇，研究成果丰硕。2016年，参与编写粤人教版《金牌学案》六年级上册。2021年，工作室团队市级课题“基于小组合作的小学英语‘自主交互式’复习课例研究”顺利结题。2021年9月，参与编写珠海市教育研究院组织的珠海市义务教育四年级作业设计样例，并取得示范效果。作为团队负责人，带领青年教师获得2022年珠海市教研院组织的珠海市义务教育三年级英语作业设计优秀案例。代表文章：《珍和力量　多元亮剑》《基于单元主题复习课的小学英语教材整合实践与思考》《基于学习共同体的名师工作室建设》等。其中《珍和力量　多元亮剑》发表在广东省名师工作室系列丛书《独行速　共行远——我和我的工作室》中，同时也收录在《中国名师工作室名录》第四卷。作为主编，出版发行本书《珍和力量　向上生长——广东省黄珍名师工作室实践与探索》。

二、教育理想

珍情育桃李，和美共发展。

三、人生格言

终身学习，积极向善（上）。努力发展自己，尽力成就他人。

四、自我期望

上得厅堂，下得厨房，更要站稳讲台。

五、教学追求

“用一生备好每一节课”，力求设计有思想、有智慧、有激情、有内涵的课。

六、教学风格

有平实之风、有简约之美、有创新之意识、有学科之整合、有生活之气息，主张用信手拈来的东西上低耗高效的课，注重培育学生核心素养及综合运用能力。

七、努力方向

不断学习，努力成为具有中国心、国际眼、全球脑的教师。

八、关键词

成长。成长比成功更重要。成长是解决一切问题的总方法，成长是人生最重要的课题。

九、专业发展体会

感受教书育人的幸福，实现专业发展的自觉。

十、最乐见的事情

看到身边的青年教师专业水平持续在发展。

十一、最愿做的事情

为积极上进的青年教师搭建发展平台。

十二、个人专题讲座

《基于单元主题复习课的小学英语教材整合实践与思考》《基于学习共同体的工作室团队建设实践与思考》《基于新课标理念下的小学英语教学实践与思考》《小学新教师专业成长宝典》《基于核心素养背景下中小学英语教师专业发展路径》《基于新课标理念下的小学英语教学设计思考》《基于双减背景之下的作业设计实践与思考》《如何上好小学英语单元主题复习课》《亲历美国基础教育见闻与思考》《关于做好小初英语教学衔接工作实践与思考》《关于做好多元融合省级名师工作室的实践与思考》《珍和力量多元亮剑》等。

十三、教育培训

参加珠海市教育局组织的市名师及骨干教师培训（北京、深圳、台湾）、香洲区区级中层干部培训（北京师范大学）、广东省名师工作室主持人培训（广东、上海、北京、浙江、江苏等）、省教育厅组织的2019年美国哥伦比亚大学高级研修班，研修期间曾参访哈佛大学、耶鲁大学、麻省理工学院、哥伦比亚大学、西点军校及纽约、康州、波士顿等不同学段知名学校。

十四、媒体报道

自2016年以来，《珠海特区报》、《珠江晚报》、珠海市香洲区委宣传部、珠海市香洲区教育局、阳春市电视台、珠海市电视台对珍和工作室的教学研讨活动及送教下乡活动先后做了15次相关报道和专访（图1–2）。

校园周刊 09

努力发展自己的同时尽力成就他人

黄珍："珍"情育桃李 "和"美共发展

公开课

加快学校建设速度 缓解学生入学压力

金湾区今年采取多种措施挖潜增加学位

2019年10月18日 星期五 

广东省黄珍名教师工作室开展跟岗研修活动

本报讯 记者廖明山 王晓君报道：10月14日至17日，2019年广东省黄珍名教师工作室学员跟岗研修暨广东省小学英语教师全科教学能力提升培训班研修活动在我市举行。

据了解，参与此次活动的有广东省黄珍名教师工作室团队成员，以及来自清远市、韶关市、英德市等地的广东省2019年度小学英语教师全科教学能力提升培训班研修学员50多人。

在跟岗研修活动的首站珠海市香洲区第三小学，广东省黄珍名教师工作室学员李玲、李翠英两位教师，分别向大家展示了精彩的课堂教学，以多种教学方式，让学生在轻松活泼的氛围中巩固旧知，习得新知。随后，珠海市香洲区第三小学校长曹靓开展了题为《教研组计划制订和活动开展指导》的讲座，现场指导老师们如何运用"目标强制排序"这一方法来明确教研组目标，讲座内容贴合教师实际，可操作性强。

在随后的几天时间里，学员们分别深入珠海市香洲区实验学校、珠海市斗门区第二中学、珠海市香洲区第二十一小学等学校，参观校园环境，观看大课间活动，同时还参观了珠海闲云艺术（研学教育基地），聆听了广东省黄珍名教师工作室学员及顾问的研讨课和专业讲座。其中，香洲区实验学校校长张锦荣、斗门区第二中学校长尧国军、香洲区第二十一小学校长周红领等人，作为广东省黄珍名教师工作室顾问，分别开展了题为《名师之名》《基于常态化的小组合作学习策略与方法》《学校管理走向文化自觉，必须从读书修德开始》的讲座，内容丰富。

活动最后，作为广东省名教师工作室主持人，珠海市香洲区第二十一小学教师黄珍为大家带来一场以《核心素养背景下小学英语教师专业发展路径》为题的讲座，她结合自身经验，围绕核心素养和高效课堂，与老师们分享教师发展的必要性和重要性，并为老师们提供了一些可操作的建设性意见。

学员们纷纷表示，四天的跟岗研修活动虽然时间较短，但内容丰富，实用性强，不仅更新了课堂教学理念，明确了教育教研目标，课题研究能力也得到了加强，让大家受益匪浅。

竹洲小学迎来"大咖"

名师送教下乡分享教学理念

黄珍上英语课与音乐老师默契配合

本报记者 曾遥 摄

本报讯 记者张帆报道：6月24日，广东省袁长林名师工作室与广东省黄珍名师工作室联合送教活动在斗门白蕉镇竹洲小学开展。正高、特级教师、校长、名师等教育届"大咖"齐聚乡村小学，上课、送书、交流探讨，为师生们带来先进教学理念和丰富课堂知识。

当天下午，朗朗的读书声响彻课堂。正在给孩子们上课的是来自广东省袁长林名师工作室和广东省黄珍名师工作室的8名老师，他们中有正高、特级教师，有校长，还有不同科目的名师。据了解，这次由两个省级名师工作室组织的名师送教下乡活动，共安排8名师团成员，在竹洲小学6个班级上7节语文、数学、英语等课程。

广东省黄珍名师工作室主持人黄珍，在英语课堂上与名师团的音乐教师默契配合，通过英语与音乐学科的融合，提升学生们的学习兴趣。"平时上英语课也会给孩子们唱唱英文歌，让孩子们感受到英语课堂其实是非常欢乐的，在这种快乐的氛围中学习，往往会收到事半功倍的效果。"黄珍表示，希望通过这次送教活动，发挥名师们的教学示范引领作用，提高乡村学校教师的教育教学能力，促进城乡教育均衡发展。

"老师教的方法特别特别好，能让我很快地理解，很快记住课文。"竹洲小学四年级学生刘悦欣说。

除送课外，两个名师工作室还联合向竹洲小学赠送了30多本书籍。此外，还进行了信息技术及教学教育科研管理方面的交流研讨，让竹洲小学老师们获益匪浅。"名师送课下乡，对提高老师的教学能力和学生的学习兴趣有很大的帮助，感谢名师们的支持！"竹洲小学校长丁朗益表示。

广东省名教师工作室走进杨匏安纪念学校

开展教学交流研讨活动

本报讯 记者王帆报道：近日，广东省黄珍名教师工作室团队来到杨匏安纪念学校，开展英语教学交流研讨活动，为青年教师们送来精彩的讲座。

当天，在交流活动中，广东省名教师工作室主持人黄珍老师为英语科组作《如何备好一节单元主体复习课》的讲座。据介绍，黄老师团队做复习课例研究已有多年，结合自己的实践，已积累了较多的单元主题复习课例。她从自己与复习课的缘起讲起，从定义、类型、设计原则与方法，到设计步骤和建议，再结合实践经验，给在座的老师们带来满满的"干货"。

随后，黄珍老师对该校40岁以下的青年教师作了第二场讲座《基于校本研究的团队建设实践与思考》，给在座老师们深深的震撼和启发。

据了解，广东省黄珍教师工作室成立于2016年4月，是由广东省教育厅批准和挂牌，以工作室主持人姓名命名，集教学、科研、培训等职能于一体的教师合作学习共同体。工作室旨在搭建名师及中青年骨干教师自我提升的发展平台，聚焦师生核心素养培育，发挥名师示范引领作用，带动青年骨干教师的专业成长。

据悉，工作室作为领头羊，承担示范引领的重要作用，履行教育帮困扶贫的社会责任。经过两年的精心打造，工作室不断升华，做到了跨界融合，资源整合，统整育人，培养了12名工作室成员以及省级骨干教师24名。

今日斗门>

➤暖心！爱心送教到学校

3月12日周五下午，广东省名师工作室主持人黄珍及团队成员（斗门区第二实验小学赵刚副校长、斗门区井岸镇第二小学黄海珍副校长）到乾务镇马山小学，开展爱心送教活动。六年来，黄珍名师工作室履行帮困扶贫的社会责任，每年多次前往偏远农村学校传经送宝，为广大师生带去先进的教育教学理念和教学改革实操经验。

来源：区教育局

图1–2

广东省黄珍名师工作室简介

广东省黄珍名师工作室（珍和工作室）成立于2016年4月，是由广东省教育厅批准和挂牌，集教学、科研、培训等职能于一体的教师合作学习共同体。它是名师展示的舞台，优秀教师培养的孵化器，合作学习共享资源的平台，工作室承担着示范引领的重要作用，履行着教育帮困扶贫的社会责任。主持人黄珍老师以“独行速，众行远”的精神热心助力省市区青年教师的专业发展，打造了一支阳光且充满正能量的珍和教师团队。工作室专家及成员涉及全学段、多学科、跨区域、跨行业，助力拓宽教师专业发展的视野，促进教师的交流研讨，做到了跨界融合，统整育人。

2017年12月，经珠海市教育局审核、省教育厅组织专家考核等程序，广东省黄珍教师工作室及主持人考核结果被评定为“优秀”，且符合新一轮广东省中小学名教师、名校（园）长工作室主持人遴选条件，被增补为新一轮（2018—2020）广东省中小学名教师工作室主持人。广东省黄珍名师工作室是当届珠海市小学英语唯一的一个省级名教师工作室。

2018年11月12日上午，在广东省黄珍名师工作室揭牌暨开班仪式上，香洲区教育局朱秀湖局长作指导发言，副局长龚德万宣布任命文件。（图1–3）

图1–3

广东省黄珍名师工作室揭牌暨开班仪式报道刊登在2018年11月13日《珠江晚报》。（图1-4）

图1-4

广东省黄珍名师工作室荣誉证书及主持人授牌。（图1-5）

图1-5

新一届的工作室培养对象经过珠海市各区以及阳江市、阳春市层层选拔，由省教育厅确定10名培养对象，20名教学徒弟，三年的培养期，极大地促进了省市区小学英语教师区域性发展，无论是学员还是被帮扶的学校及教师都取得了丰硕的成果。珍和工作室品牌知名度高、口碑好，得到小学英语同行的高度好评。

广东省黄珍名师工作室专家团队简介

广东省黄珍名师工作室专家团队简介情况见表1–1。

表1–1

高校专家	王建成	北京师范大学珠海分校教育学院院长、教授、博士生导师
技术顾问	尧国军	珠海市斗门区教育党工委委员、教师发展中心主任、中学正高级教师、广东省特级教师
教研员	李　昂	珠海市教育研究院英语教研员、华南师大外语教研员专业素养发展研究中心特聘研究员、省高考研究会英语专委会常务理事
教师发展顾问	邬文娟	珠海市香洲区第二十一小学校长、首届珠海市校长工作室主持人
教师发展顾问	周红领	珠海市香洲区第十六小学校长、首届珠海市校长工作室主持人
课程发展顾问	曹　靓	珠海市香洲区教师发展中心教研员、广东省特级教师
文化发展顾问	张锦荣	珠海市香洲实验教育集团总校长、首届香洲区好书记工作室主持人
健康顾问	汪湘勇	广东省中医院珠海医院耳鼻咽喉科负责人、副主任医师
健康顾问	卜　晗	广东省中医院珠海医院骨科副主任医师
工作室助手	汤霄玮	珠海市香洲区第二十一小学英语科组长、香洲区教学能手
工作室助手	冯彩虹	珠海市香洲区第二十一小学英语教师、香洲区先进教师
工作室助手	郝　磊	珠海保税区第一小学办公室主任、获鹤洲新区（筹）教学能力大赛一等奖

一、工作室理念和特色

（一）工作室理念

引领与融合。引领：发展目标的引领，学习任务的引领，学术专业的引领。融合：形成学习共同体，创造融合的教学因素，创造闪耀着理性光辉的人生道路。

（二）工作室特色

珍和出品、真心真意。多元：多元团队架构、多元培训课程、多元学习方式、多元研讨活动、多元融合发展。珍和：珍惜缘分，和善和美。因为珍，大家相聚一起；因为和，彼此亲如一家。“珍和”谐音为“真和”，大家为求真而聚在一起，和谐共生，真学习、真研究、真进步。

二、示范辐射

珍和工作室情系农村偏远薄弱学校，把薄弱及民办学校作为重点帮扶对象，定点帮扶，送课送培。除了英语教研，珍和工作室在教师专业发展、校园文化建设、信息技术应用、师德培训等方面给予大力帮助，提供资源支持教师及学校发展。近6年，工作室组织团队先后在珠海各区、深圳、东莞、广州、阳江、阳春、云浮等地开展教学研讨及送教活动。工作室接待过来自广东省各地市、云南、江西、浙江、中国香港、中国澳门、日本等国家和地区教育考察团。

2016—2020年，在珍和工作室连续两届的努力下，为一所只有8个班的村小——珠海市斗门区白蕉镇白石小学提供教育教学资源，培养优秀英语教师，并寻找爱心企业助学，助力它发展成为如今一所有浓郁办学特色、有“耕读文化特色”的知名小学，引起了中央人民广播电台、《珠海特区报》、珠海电视台等媒体的聚焦报道。该校英语学科教学质量由原来的区排名落后，到近两年六年级毕业生连续两次在白蕉镇排名第一，2019学年则在斗门区45所公办小学中排名第五，获得斗门区教育绩效先进单位和白蕉镇教学质量先进单位。该校客家竹板山歌还在2019年第五届中国教育创新成果公益博览会等现场演出。2020年获得全国100所“温馨学校”称号，2020年获评“珠海市劳动实验学校”，被推荐参加广东省劳动特色学校。2020年11

月，该校黄校长在湖南长沙全国第三届最美课程上做分享，特别谈到珍和工作室对学校发展的助力。五年来，这所学校师生面貌和教学质量进步之大，令我欣慰且欣喜。

为充分发挥省名师工作室的示范引领和辐射带动作用，进一步完善城乡教育联动和促进机制，实现教育均衡发展以及教学优质资源的共享，2020年6月24日下午，广东省黄珍名师工作室联合广东省袁长林名师工作室走进珠海市斗门区白蕉镇竹洲小学，开展联合送教下乡活动。此次联合送教由珠海市教育科研中心袁长林主任带队前往，一共安排了7节课5个学科（语文、数学、英语、思品、美术）。送教团队由正高级教师、特级教师、市名校长工作室主持人、市名师以及工作室团队成员组成。本次送教活动分为名师团队示范课、专题研讨分享、学科教学交流和赠书仪式四个部分。此次活动当晚在《斗门新闻》中播出，在“今日斗门”公众号中发表。

2020年9月23日至25日，主持人黄珍老师前往云南省怒江傈僳族自治州，为泸水市中小学骨干教师以及新入职教师近760人，连续三天做三场共9小时的专题讲座，为那里的教师带去新思想、新理念和接地气的教学实践，为国家脱贫攻坚贡献自己的绵薄之力。

2021年3月12日，黄珍老师受邀前往斗门区乾务镇马山村小学送教送培，一年后收到该校黄健明校长信息：“尊敬的黄老师您好！感谢您上一年带团队过来我校指导！自从您上次给我校的英语科组作了领航和指导后，我们的英语老师受益匪浅，在原来的基础上优化课堂教学，继续深入探索。上学期的期末质量检测中，我校四年级的英语在全区排第一，三年级英语在镇排第一，五、六年级英语与区的平均分明显缩短差距，整个科组都有了不同程度的进步，再次感谢黄老师，同时也希望日后您能抽时间再次莅临我校指导工作！一个村小因一次教研活动能有如此大的飞跃，一年内能取得如此大的进步着实令我开心！”送教送培是珍和工作室践行帮困扶贫的社会责任中做的最有意义的事情之一。

三、研究项目及成果

珍和工作室学术氛围浓、辐射广、示范性强。研究项目涉及小学英语单元主题复习课、小学英语多元主题作业设计、小初英语衔接教学工作研讨、校本特色课程活动推广、家校合作之家长课堂实践与思考、中小学教师专业发展路径、基于学习共同体的教师团队建设等方面。

带领两届工作室学员进行小学英语单元主题复习课例研究，达306节。连续14年做小初衔接英语教学研讨工作，为小初英语教师搭建沟通研讨平台，多次承办市区级小初衔接英语教学研讨活动。工作室学员跨学段、跨学科融合发展，6名学员成为市区级工作室主持人，带动一方教研，成为教改的先锋和主力。通过有针对性的英语教研活动，帮助多所农村偏远薄弱学校培训师资、加强管理、提供力所能及的支持并提升教学质量，分别从之前区或镇靠后到现在的领先发展，学校知名度大幅提升，获得家长的肯定。

2021年珍和工作室《珍和力量　多元亮剑》发表在广东省名师工作室系列丛书《独行速　共行远——我和我的工作室》中（图1–6、图1–7），也收录在《中国名师工作室名录》第四卷（图1–8、图1–9）。

图1–6

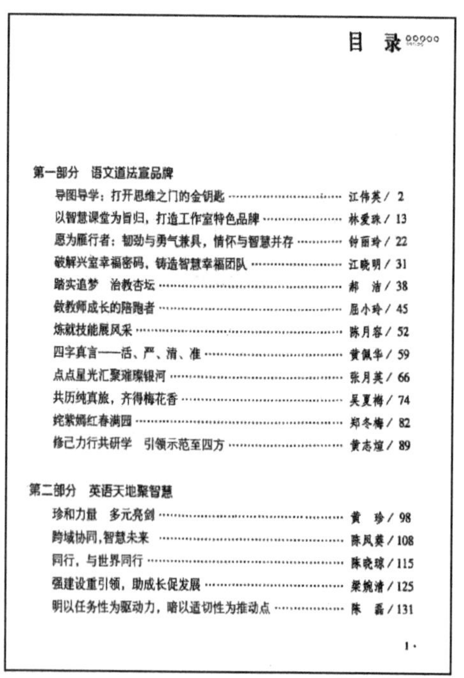

目　录

第一部分　语文道法宣品牌

第二部分　英语天地聚智慧

· 1 ·

图1–7

广东省黄珍名教师工作室："珍和"力量 多元亮剑

原创 黄珍 北京智培教育研究院 3天前

收录于话题

#《名录》卷四 13个 >

"珍和"力量 多元亮剑

广东省黄珍名教师工作室

主持人简介

图1-8

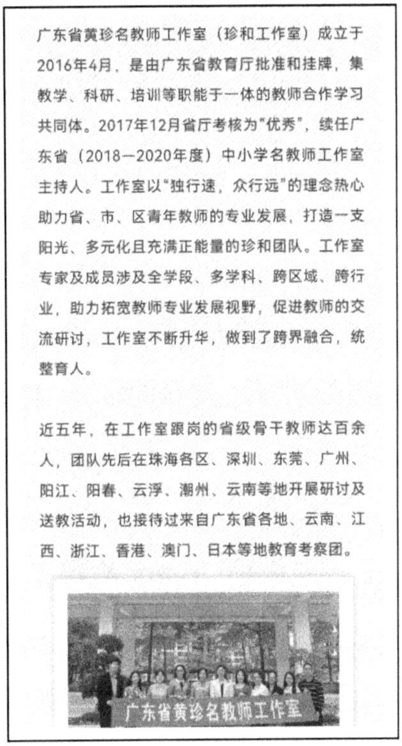

广东省黄珍名教师工作室（珍和工作室）成立于2016年4月，是由广东省教育厅批准和挂牌，集教学、科研、培训等职能于一体的教师合作学习共同体。2017年12月省厅考核为"优秀"，续任广东省（2018—2020年度）中小学名教师工作室主持人。工作室以"独行速，众行远"的理念热心助力省、市、区青年教师的专业发展，打造一支阳光、多元化且充满正能量的珍和团队。工作室专家及成员涉及全学段、多学科、跨区域、跨行业，助力拓宽教师专业发展视野，促进教师的交流研讨，工作室不断升华，做到了跨界融合，统整育人。

近五年，在工作室跟岗的省级骨干教师达百余人，团队先后在珠海各区、深圳、东莞、广州、阳江、阳春、云浮、潮州、云南等地开展研讨及送教活动，也接待过来自广东省各地、云南、江西、浙江、香港、澳门、日本等地教育考察团。

广东省黄珍名教师工作室

图1-9

珍和工作室开展各级各类教学研讨活动，2016年至2017年：课例138节，讲座112场。2018年至2020年：课例168节，专题讲座73场。培养了工作室成员16名、学员10名、省级骨干教师24名以及市区骨干教师、区名师29名，指导课例获得省、部级"优课"13节，获省市区级一等奖26节。在珍和工作室跟岗的省级骨干教师达200余人。

广东省黄珍名师工作室文化建设简介

一、工作室名称：广东省黄珍名师工作室（图1-10）

Huang Zhen's Teacher Studio of Guangdong Province

图1-10

二、工作室别称

珍和工作室，即珍惜缘分，和善和美。因为珍，大家相聚一起；因为和，彼此亲如一家。“珍和”谐音为“真和”，另一层意思是大家为求真而聚在一起，和谐共生，真学习、真研究、真进步。

三、工作室Logo 诠释（图1-11）

（1）帆船：它寓意着广东省不同地区、拥有共同教育情怀、具有强烈自我发展愿望和良好团队合作意识的骨干教师们会聚在教育这艘大帆船上，大家坚定方向，教海探航、迎风远行、勇往直前。

（2）Logo中主要体现字母Z、H，分别是“珍和”以及“珠海”的开头字母。这是澳门理工大学朱芷漩的原创设计，由珠海市香洲区第二十一小学黄纯环后期制作而成。

（3）以黄、绿为基本色调，象征着工作室朝气蓬勃、欣欣向荣，预示着工作室的发展充满了无限的生机与希望。

图1-11 工作室Logo的设计

四、文化建设内容

（1）工作室室训：求实、求精、求活、求新。

① 求实：做人诚实、知识扎实、工作踏实。

② 求精：教学精彩、管理精细、质量精良。

③ 求活：方法灵活、思维活跃、文化鲜活。

④ 求新：理念更新、课程革新、设计创新。

（2）工作室格言：终身学习，永远向善（上）：善良、上进。

（3）工作室口号：完善自我、追求卓越、臻于至善、高峰体验。

（4）工作室愿景：修炼一腔情怀，研究一门学问，抵达一种境界。

（5）工作室策略：目标导向、课堂导行、书香导思。

（6）工作室精神：独行速，众行远。

（7）工作室室歌：《珍和力量》，黄珍、郝磊（珠海保税区第一小学）原创。

（8）工作室博客：http：//blog. sina. com. cn/huanzghen1128。

（9）创业文化：一人强，在一起更强。

（10）工作室吉祥物：人生沙漏。（图1–12）

图1–12　人生沙漏

40岁左右是人生的最“细腰”处，此阶段正所谓“上有老，下有小”，生活、事业也正处于或“爬坡”或“滑坡”的关键期。此阶段是最容易产生工作倦怠的。思考：怎样有意义地度过这个阶段?

学员风采

一、珠海市斗门区第二实验小学：赵刚

赵刚（图1–13），中共党员，中小学高级教师，硕士研究生，广东省珠海市斗门区第二实验小学副校长，全国双语教育联盟秘书处副秘书长，《双

语世界》杂志编委，《中小学生英语》杂志编委，国家基础教育研究中心颁发首届全国名师，华东师范大学职业培训中心兼职小学英语教研员，广东省黄珍名师工作室教学发展顾问，珠海市、斗门区教育科研专家库成员，珠海市教师资格证考官库成员，珠海市斗门区“先进党务工作者”“优秀教育管理者”。他曾获得全国第二届小学英语优质课赛一等奖，第九届全国优秀园丁奖，全国首届小学英语教师教学技能大赛口语单项一等奖。

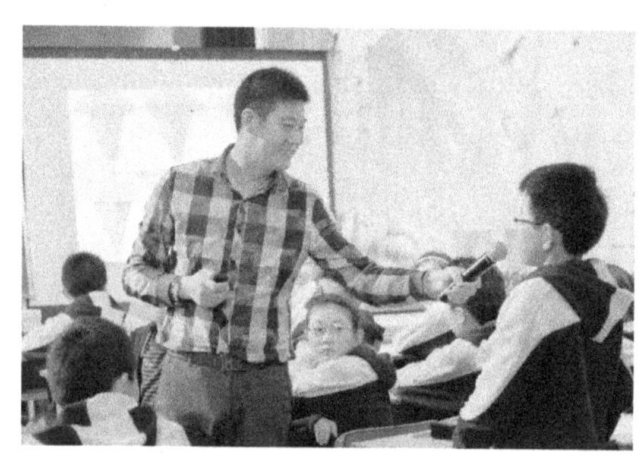

图1–13

（一）个人教学风格

世界那么大，我用英语带学生去看世界。

（二）教学风格阐述

如果我们把英语当作知识去教，学生学会的就只是单词和句子，还有语法。如果广大教师把英语当作孩子了解世界的工具，那么就会渗透很多语言背后的意义，充分利用这一工具，让孩子接触广阔的世界，做到见多识广。这样教学，语言的意义才能凸显，语言的功能才得以发挥。我们通过挖掘教材内容背后的情感、人文等因素，增大语言信息量，使教学本身赋予了意义，才能更好地关注核心素养中的重要内容，提升学生的语言能力，提高学生的学习能力，促进学生思维品质和文化品格的形成。

安徽省教科院包文敏先生曾经说过这样一番话，他说：“小学英语教学目标中有三个维度，但是在教师观念中，很多教师依然把英语当作知识教学，也有一些好老师把英语当作培养听说读写能力的教学，但我把它当作一门语言，是我们的学生用来与世界对话、与世界沟通的工具，让我们的学生通过学习英语，开阔视野，打开眼界。”这番话，在我内心里激起波澜，并彻底颠覆我一直以来的知识教学观念。如果教师们的眼界限于核心词汇，少数的语法知识点，那我们的教学真的依然是重知识、轻能力的教学。国家对教育提出“立德树人”，要提高学生的“核心素养”，我们的英语课堂教学要充分利用一切网络、视频、歌曲等资源，带着孩子领略世界的奇妙和美丽，感受异国的文化，准确理解人与人之间的情感，建立对大自然动植物的喜爱等，世界那么大，我们可以用英语学习带着孩子去看看。

二、珠海市香洲区实验学校：邱晓红

邱晓红（图1-14），小学英语高级教师，珠海市教育科研专家库专家，珠海市香洲区实验学校英语科组长。课例获“一师一优课、一课一名师”部级优课，广东省首届中小学幼儿园特色课堂精品课例一等奖和现场说课特等奖，广东省中小学在线课堂教学课例活动二等奖，珠海市中小学师徒录像课评比三等奖。主持及参加国家、省、市级的课题研究十多项，在省级以上刊物发表论文和教学设计十多篇，多篇教育教学论文在国家、省、市、区优秀论文评选活动中获奖。

图1-14

（一）个人教学风格

“真”“情”“趣”。

（二）教学风格阐述

“真”——教学活动贴近学生真实生活，作业设计紧扣学生真实生活。

“情”——创设真实情境，激发学生学习兴趣。

“趣”——教学活动体现趣味性，教师说话风趣。

三、珠海市香洲区第三小学：李玲

图1-15

李玲（图1-15），广东省珠海市香洲区第三小学英语教师，一级教师，广东省黄珍名师工作室优秀学员，2022年度珠海市师德标兵，先后获得广东省珠海市香洲区“教坛新秀”、广东省珠海市香洲区教育系统“党员先锋岗”、广东省珠海市香洲区教育系统“优秀共产党员”、珠海市香洲区“师德先进个人”等称号及学校“突出贡献奖”等。曾获香洲区青年教师基本功一等奖，录像课获2020年珠海市中小学英语优质课市级二等奖。曾被聘任为香洲区命题工作小组成员，系珠海市教师资格证考官库成员、2022年香洲区单元整体教学培训香洲片区备课组核心成员。

（一）个人教学风格

“趣”“真”“实”。

（二）教学风格阐述

加入“珍和”工作室以来，我一直在思考主持人黄珍老师给我们布置的首要任务——凝练自己的个人教学风格。借鉴他人的经验，我终于确定了属于我的教学风格：有思想的“趣”；有审美的“真”；有常态的“实”。

1. 有思想的“趣”

核心素养下，我们的小学英语课堂要着力于培养孩子们的“思维品质”。我在英语课堂中，用问题引领孩子们思考，让孩子们跟着老师的思路前行。有思想的“提问”不是“明知故问”。课堂的导语很重要！在“趣”课堂上，我借助各种各样的游戏，让孩子们在跟我学习英语的同时have fun。

2. 有审美的“真”

从自己的学生时代走来，喜欢绘画、喜欢唱歌的我，努力在课堂上让孩子们感受“视觉美”与“音乐美”。从课堂选用的图片、PPT的底板、字体颜色的选用搭配、板书粉笔的颜色、插图的颜色，这一系列都是为了培养孩子们的“审美观”。“真”课堂是指真实的课堂。我的课堂不让孩子们“演戏造假”。我的课堂要孩子们真实的一面，真实的产出。我的课堂活动会联系“真实”的生活。

3. 有常态的“实”

哪怕我只用一支粉笔也要力争上好一节英语课，让每个学生的每节课都有不同程度的成长，让每一节课都有实实在在的获得和提升。

四、珠海市香山学校：高晓霞

高晓霞（图1-16），珠海市香山学校英语教师，硕士研究生，一级教师，组织并参与多项课题研究，多篇论文发表并获奖。曾获首届香洲区命题比赛一等奖，区“一师一优课”二等奖、区教师技能大赛三等奖，多次获校青年教师大赛特等奖。参与香洲区“空中课堂”直播课等。

图1-16

（一）个人教学风格

有趣、有度、有料。

（二）教学风格阐述

有趣：我认为小学英语的教学内容非常有趣，我努力让自己教学设计非常有趣，教学语言尽量非常幽默有趣，让自己的表达更有煽动性、更走心。

有度：做一个温柔而坚定、有温度的老师。爱如阳光，希望和学生的点滴相处能像阳光滋润他们的生命。霍布斯说人的本质属性是虚荣心，美国著名心理学家威廉·詹姆斯也说过，人的内心无比地渴望他人的赞美和肯定，我比较擅长发现和肯定孩子，适时的鼓励和赞美让学生体会到老师对他/她的关注和欣赏，在英语课堂里能够身心愉悦，思维活跃更加灵动。

有料：有料让学生非常期待上英语课，上课专注投入。我坚持创设贴近真实生活、有意义的教学情境，提问学生有思维挑战、愿意回答的高质量问题，组织学生开展既有趣又能锻炼英语能力的游戏和活动，注重文本的呈现和解读，听说领先读写兼顾。课堂沸沸扬扬、活而不乱，学生听课津津有味，教师上课酣畅淋漓，最后让学生在课堂中有升华，达到育人的目的。

总之，我追求的好课是眼里有学生。一切从学生的视角出发，围绕学生是否感兴趣、学生是否愿意参与、学生是否有提升、是否促进学生的发展等角度来备课。

五、珠海市斗门区井岸镇第二小学：黄海珍

图1–17

黄海珍（图1–17），珠海市斗门区井岸镇第二小学副校长，小学英语高级教师、珠海市先进教师、斗门区名教师、斗门区新入职教师带岗导师，被聘为斗门区英语中心教研组成员。执教课例获“一师一优课”珠海市一等奖，承担市级中小学衔接公开课，参加区小学英语评优课获一等奖，曾获邀作为授课教师参加“珠海名师课堂”阳江巡讲活

动。多次担任“一师一优课”省、市、区评审专家，并多次承担区教学示范课及专题讲座，主持和参加市、区级课题4项，多篇论文获省、市、区级奖励。

（一）个人教学风格

简单自然、创意无限。

（二）教学风格阐述

不同的老师有不同的教学风格，有的老师风趣幽默，有的老师严谨细密，有的老师激情睿智。我觉得教学风格没有好坏之分，只要有利于学生对知识的掌握，有利于学生的身心发展，有利于学生的思维能力，那么用什么教学方法，有什么样的教学风格都是好的。

一直以来我总觉得只有专家、名师、成名成家的人才有资格谈风格、谈名言。所以作为平凡的我，似乎没有考虑过自己的教学风格是什么。虽然现在的自己没有初出茅庐的那种羞涩，逐渐走向成熟稳重，但不是很确定自己的教学风格是怎样的，什么样的教学风格适合自己，只是经常听学生、家长、同事说一些关于自己的事：黄老师的课很生动、很有趣；喜欢黄老师的课堂，喜欢黄老师亲切的笑容；黄老师的课通俗易懂，记忆深刻；上英语课开心自在，能玩很多有趣的游戏……从这些话语中，我开始思考和定义自己的教学风格，那就是课堂简单自然，教学创意无限。

1. 简单自然

课堂教学不搞花哨、轰轰烈烈、热闹非凡的场面，讲究自然流畅、行如流水、简单明了。让学生感受到原汁原味的课堂，不刻意雕饰。在课堂上我尊重学生、关注学生，从学生的认知、感知出发，创设最自然、最原生态的教学阵地，因势利导，营造和谐气氛。我在讲课时保持亲切自然的态度，没有矫揉造作，也没有雷霆震怒，营造一种简单、自然、和谐的气氛。以前没有多媒体教学辅助工具，我们教师就用一块黑板、一些自制的道具、几张图片，用最简单的教学方法创造最真实自然的情境。所以我追求简单自然的课堂教学，不喜欢闹哄哄、看似热闹而走过场的课堂。我认为教学要删繁就简，简朴实在，这样更能促进学生和谐发展。

2. 创意无限

现在网络发达，信息技术日益完善，许多课件、教学资源都能从网上下载。教师往往忽略了教材的差异、学情的不同等而一成不变全部照搬，从而限制了学生的想象力和创造力。在我的教学中，我往往会设计一些让学生意想不到的活动，制造一些有创意的游戏，激发学生的想象力和创新力。在教颜色的单词时，不只是单一教单词，而是让学生混合两种颜色，从而得出red and blue is... 学生混合了三种颜色：red、blue and yellow is... 接着是四种……学生在这次活动中既掌握了语言，又提升了思维和创新能力，创意无限，绵绵不断。

简单、自然符合我的个性特点，创意无限给了我许多动力。虽然明确了自己的教学风格，但在形成过程中还只是刚刚起步，还有很多认识上的局限和实施中的不足，需要不断改进完善。教学在润物细无声之时，还需要长久的学习、反思和锤炼。

六、阳江职业技术学院附属实验学校：黄俏华

图1–18

黄俏华（图1–18），中共党员，本科学历，英语高级教师，阳江职业技术学院附属实验学校办公室主任，广东省黄珍名师工作室学员。广东省第十一次党代会代表，广东省教育系统优秀共产党员，广东省小学英语骨干教师，广东省美育专家，阳江市第八次党代会代表，阳江市优秀教师，全国中小学生听读能力竞赛优秀辅导老师，全国基础教育英语能力竞赛优秀辅导老师。课例获广东省小学英语教学设计二等奖，广东省小学英语录像课二等奖。多篇论文和教学设计获得市级奖励。

（一）个人教学风格

智慧课堂满“亲和”；课堂评价有心得；传授知识显灵动；趣味教学重灵活。

（二）教学风格阐述

1. 智慧课堂满“亲和”

在课堂上，我喜欢站在学生中间，亲近学生，关注每一个学生。在课堂教学中，用平易近人的语气神态和学生交流谈话，让每一个学生都有被尊重的体验。在课堂上，设置疑问时，我往往根据问题的难易程度，针对不同层次的学生分别提问，使每一位学生上课都有话说、有事做。以包容的心态平等对待每一位学生，使学生在课堂上敢想、敢说、敢做，善于质疑、勇于答疑。

2. 课堂评价有心得

教师评价对学生的学习和发展起到至关重要的作用。因此，评价要讲科学、讲艺术、讲方法（1–19）。

（1）评价环境民主平等。建立民主平等、和谐融洽的师生关系，对活跃学生思维，让学生在轻松、愉快的氛围中提出问题、说出想法，起到至关重要的作用。既然承认学生的差异性，就要尊重学生的个性思维，对学生要发自内心地去关爱、呵护和宽容，倾听学生来自心灵的声音，才能使他们在课堂上无拘无束地享受生命成长的快乐。

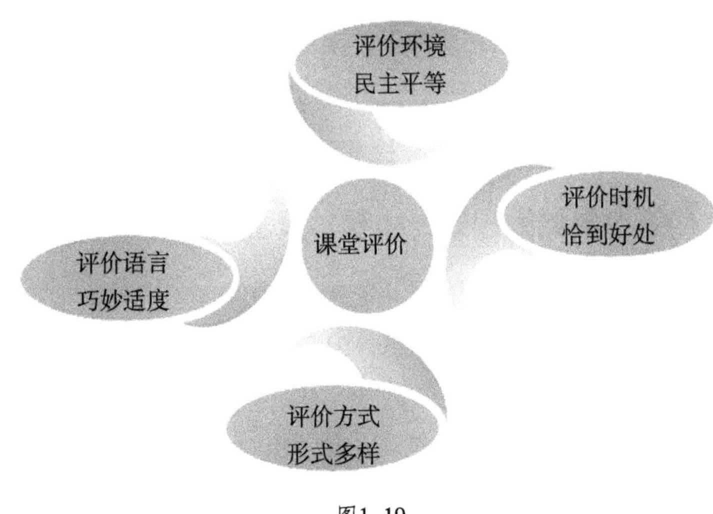

图1–19

（2）评价时机，恰到好处。动态的课堂往往会出现意想不到的情况，对于这些“意外”，要能够及时捕捉，并做出巧妙的评价与处理，往往会收到“意外”的效果。新颖、别出心裁和富有创造性的评价对开拓学生创造性思维起到积极的作用。

（3）评价方式，形式多样。为发挥评价的导向、激励和自省作用，可采取互动式、多样性评价，即学生之间、师生之间、小组之间可进行互评。师生互动、生生互动的评价，使学生在轻松、愉快的对话中产生共鸣，获得知识、得到发展。

（4）评价语言，巧妙适度。在课堂教学中，评价用语因人、因时、因境而异，做到褒贬有度。激励不等于一味地表扬，批评更要懂得善待学生的错误。在课堂上，对学生给予恰如其分的表扬、充满关怀的批评和满怀希望的鼓励，使学生乐观自信、快乐成长。

3. 传授知识显灵动

我在教学中大胆整合教材，古今连接突破教材重难点。教学内容注意“时空”性，新旧知识的联系恰到好处，教学内容深入浅出，环环相扣，理智地控制课堂教学，真正做到了举一反三、触类旁通。注重学生的感受，引导学生注重文本，体验感悟，使学生的思维动起来，让课堂焕发活力。

4. 趣味教学重灵活

趣味教学能极大地激发学生的学习热情，能使学生全身心地投入学习中去，使学生在快乐的氛围中接受知识，提升能力。趣味教学能使师生共同创造出一个和谐、高效的学习氛围，这对提高历史课堂教学效果起到至关重要的作用。

七、阳春市春城街道第一小学：黄壬贵

黄壬贵（图1–20），小学英语一级教师，阳春市春城街道第一小学教务处主任，广东省黄珍名师工作室学员，阳江市百姓学习之星，阳春市优秀辅导员，阳春市优秀教师。课堂务实高效，多次在阳春市小学英语教研活动上展示课例。获“一师一优课、一课一名师”阳江市优课，阳春市春城街道英语优质课评选一等奖，同时在阳春市和阳江市教师教学能力大赛中获奖，多篇教育教学论文在省、市优秀论文评选活动中获奖，其中结合工作室研究的单元主题复习课例撰写的论文《如何提高小学英语单元主题复习课效率》获得阳江市一等奖。

（一）个人教学风格

巧妙设计简易思维导图，点亮课堂。

（二）教学风格阐述

图1-20

我喜欢大道至简，因而我更喜欢让学生在课堂上愉快轻松地进行学习。经过多次工作室的研讨课，我终于找到了自己的教学风格："图"解文本，点亮课堂。课堂上通过制作简易的思维导图帮助学生梳理文本，营造"亮点"，让课堂教学高潮迭起。

1. 关键词导图

即利用文本内容构建简易的关键词思维导图，以提高学习效果，保持清晰的文本思路，提高学生对知识的记忆力，做到省时高效。

2. 图画导图

顾名思义，即利用简笔画或者课本图画制作导图。学生做到看图说文，借助导图进行文本复述或者创作。以人教版PEP六年级上册Unit6 B Robin and the ant为例，提前将课本的四张图片打印出来，课堂灵活运用图片和关键词帮助学生梳理文本。

3. 图表导图

即课堂根据文本内容，制作表格帮助学生梳理文本。学生围绕表格进行文本学习，然后利用表格复述文本内容。

课堂上我利用这些简易的思维导图帮助学生梳理文本，学习文本，同时利用导图不断营造"亮点"，创造情境让学生自信地展现自我。我一直相信给学生一个舞台，你就会有意想不到的收获。

八、珠海高新区金鼎第一小学：李翠英

李翠英（图1-21），小学英语高级教师，硕士研究生学历，广东省珠海高新区金鼎第一小学英语教师，广东省黄珍名师工作室学员，高新区先进

教师。参与省、市级重点课题，多篇论文获市、区级奖励，多篇论文发表在国家、市、区级刊物上。参加“一师一优课”、青年教师录像课比赛、教学设计比赛，班主任能力大赛获区级一等奖、二等奖、三等奖。在教学中形成了“沉稳柔和、智慧自然”的教学风格。“一师一优课”市级评审专家，被市教研中心聘为骨干教师，参与珠海市义务教育学业质量检测试卷和问卷编制，参与珠海市小学劳动教育地方课程教育教学资源开发并任副主编。

图1-21

（一）个人教学风格

沉稳柔和、智慧自然。

（二）教学风格阐述（图1-22）

我上课的时候，同事评价我亲和力强，亲切自然，善于引导，娓娓道来。我讲课的声音不是太高，但却润物细无声。给人一种心旷神怡、恬静安宁的感受。师生在一种平等、协作、自然、和谐的气氛下进行双向交流，我的教学方式深受学生喜欢。

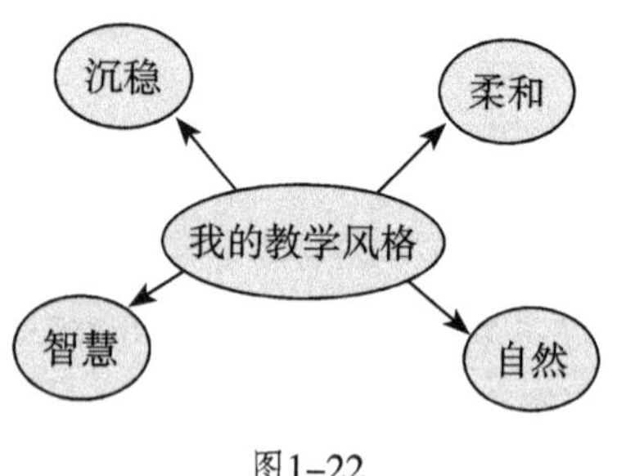

图1-22

我多次上公开展示课，同行对我的评价是：富于教学技巧，充满智慧，整个课堂结构逻辑性强，过渡自然，组织严密，搭配合理，有条不紊。各种教学技巧运用自如，恰到好处。针对学生实际，充分体现出教师对学生的透彻了解，对教材知识重点、难点的准确把握，对教学方法的灵活运用。

和我搭档的班主任评价我：温文尔雅，循循善诱，师生关系融洽，深受学生喜欢。在知识上能引领学生，在做人方面能积极影响学生。

我教过的学生评价我：最温和的老师，不用生气，但他们愿意听。不但教他们知识，更教他们做人的道理。

在个人教学风格形成的过程中，我深深地体会到一名教师想实现专业化成长，形成鲜明的教学风格，就要有三个站位：站在大师的肩上——阅读教育理论著作，汲取大师的思想营养；站在自己过去的肩上——注重教育实践和教学研究的互动；站在同伴的肩上——博采众长，兼收并蓄，团结协作，共同成长。

九、珠海市金湾区第一小学：李凤

李凤（图1–23），金湾区第一小学英语科组长，一级教师，金湾区第三批“名教师”以及金湾区小学英语名教师工作室主持人；曾带领学校英语科组荣获珠海市基础教育小学组“好科组”荣誉称号；获得珠海市先进教师、金湾区先进教师、红旗镇先进教师、金湾区网络教学先进个人等荣誉称号；小课题“运用故事辅助英语教学的研究”荣获广东省教育学会首届教育科研规划小课题研究成果一等奖；论文《农村小学英语“拼读+阅读”的有效教学策略》发表于《广东教学报》；网络课例“刻舟求剑英语绘本导学案”荣获广东省优秀中小学在线教学案例评审二等奖。

图1–23

（一）我的教学风格

单元整体设计、主题探究课堂。

（二）教学风格阐述

1. 教学风格形成的背景

2019年以来，我和我的团队一直坚持小学英语单元整体教学实践研究。教育部《义务教育英语课程标准（2022年版）》的发布让我们继续“主题式单元整体教学设计”的研究。“单元整体设计，主题探究课堂”就是围绕一定的单元主题意义，对单元教学目标、教学内容、教学活动设计等进行统筹安排，并聚焦单元主题意义进行探究性课堂教学实践。

单元整体教学设计是充分考虑学生核心素养发展的需求，以体验学习，实践运用活动推进教学的思路。主题探究课堂实施的每一个课时教学都紧扣单元主题意义进行探究，引导学生主动参与课堂，积极有效地建构知识框架，提升语言能力和思维品质，达到提高学生综合语言应用的目的，从而培养学生的核心素养。

2. 教学风格主张的宗旨

《义务教育英语课程标准（2022年版）》明确指出：“英语课程内容的组织以主题为引领，以不同类型的语篇为依托，融入语言知识、文化知识、语言技能和学习策略等学习要求，以单元的形式呈现。”实施单元整体设计，打造主题探究课堂从凝练单元主题，明确单元教学目标开始。以粤人教版义务教育教科书六年级《英语》下册Unit6 A Long Journey to the West的单元整体教学设计为例，紧紧围绕“精读名著故事，赏析中华文化”的单元主题，以演绎故事、阅读经典、分享名著为课时子主题，结合学生已有《西游记》中文版的阅读经验，引导学生基于故事对话、经典故事、名著简介等语篇进行学习活动，探究“要实现目标必须努力、互助、坚持”的单元主题意义。

3. 教学风格实施的路径

语言学习依托语篇渗透在主题意义探究的过程中，通过学习理解、应用实践、迁移创新等活动，由浅入深，理解性技能和表达性技能协同发展，形成主题式的结构化知识框架。在单元目标统领下，各课时凝练课时子主题，细化单课时的教学目标，相对独立又紧密关联，层层递进，共同构建育人蓝图。学生在探究单元主题意义的过程中获得知识、提升能力、发展思维、塑造品格。

十、珠海市金湾区三灶镇中心小学：张彩玉

图1–24

张彩玉（图1–24），本科，珠海市金湾区三灶镇中心小学教导主任。曾先后被评为金湾区“十佳先进教师”、珠海市“教坛新秀”、珠海市“先进教师”、“珠海市青年骨干教师”、金湾区名师、金湾区教师工作室主持人。热爱学生，致力于优化教学过程的探索，从教以来经常执教各级公开赛课、观摩课，颇受好评。曾获金湾区小学英语优质课评比一等奖、金湾区小学信息技术与课程整合优质课评比一等奖、省录像课一等奖、省单元教学设计二等奖、全国小学英语电视公开课展示活动一等奖，参加“一师一优课”活动课例被评为“部级”优课。多篇论文获省市区一等奖、二等奖、三等奖。

（一）个人教学风格

以真实语境创积极交流天地。

（二）教学风格阐述

教学中注重创设各种情境，创设与学生生活经验相符合的情境，以唤起学生的共鸣，使他们从各自的生活背景出发，迅速投入相应的情境中，准确地体验和理解语言，积极地使用语言。

第二章

珍和成长

学员读书心得

书 缘

珠海市斗门区第二实验小学 赵 刚

不知什么时候，我与书结下了不解之缘。

书中，大人们不是常说“腹有诗书气自华”嘛！年龄尚小的我也想当个“书呆子”，让自己看上去很有学问，这可能是我与书接触的最初动力。有了这个虚荣心，不管什么时间、什么场合，我总要揣一本自己心仪的课外书。记得有一次，奶奶带我去邻庄姨奶家吃酒席，席间大伙儿都在唠着家长里短，可我没什么兴趣，就钻到没人的角落，与书为友，埋头啃着《一千零一夜》。我回味着山鲁佐德讲的曲折而又凄美的故事，不禁暗暗感叹《一千零一夜》真不愧是世界文学宝库史上一颗耀眼的明珠呐！读着不禁陷入沉思：与其说赞叹这本书，不如说敬佩这位勇敢、聪明的山鲁佐德，她肯定也是个爱读书、爱幻想的人，不然怎么会讲出如此离奇有趣的故事呢？正浮想联翩时，奶奶一把夺过了书，严肃地说：“你看人家都在吃饭了，你在干啥呀？快吃饭！”我早已习以为常，自然并不在意，只是怕奶奶把书弄丢了可怎么办？对，我得盯着点。

废寝忘食地看书，也让我尝到了甜头。可以肯定地说，语文考试中，我常考班级第一，除了课内分数的获得，剩下的分数大部分都要得益于读书给我带来的好处。当碰到饭桌上还叽叽喳喳的人，我会送上一句“食不言，寝不语”；当两个同学之间发生矛盾时，我会劝他们“忍一时风平浪静，退一步海阔天空”；当表弟只顾玩闹而不学习时，我则会训他“业精于勤荒于嬉，行成于思毁于随”。也许这就是人们常说的学以致用吧！使得我无论在班级，还是在家周围，都是大家表扬的对象，甚至是一些小伙伴的榜样。可是读书也给我带来了误导，像一次语文课上，语文老师的小黑板上写了一堆字，突然我发现了老师的错误，但想想还是算了吧，毕竟是老师嘛，这样对老师的名誉多有影响。但老师不是说过“小疑则小进，大疑则大进”嘛，这样不仅我确定了答案，也可以帮助老师。经过再三思量，我还是举起了手，信心满满地说：“老师，萧伯纳的‘萧’应该是萧风的萧，而不是姓肖的肖。”老师听了，耐心地讲解了一番，原来外国人的名字都是翻译来的，只要字音不错，字一般可以随便用。我听了脸上红一阵白一阵，那个糗呀，不过这也说明，我读的书还不够，还要多读书。

从书中我结识了亡国不亡气节的文天祥、屈原、梁启超等民族英雄，体味了他们的青年志、思乡情和家国恨。书，更是让我足不出户地饱览了中外风景，看到了巍峨的长城、满枝樱花的东京，还有那堪称世外桃源的蝴蝶谷……多么令人眼花缭乱的事物，但它们都可以出现在同一个地方——书中。自古道“书中自有颜如玉，书中自有黄金屋”，想来也是，读书可以金榜题名，妻子和钱财都可有，但我更觉得书让我们懂得了世间真理，解析了人情世故的冷暖，明白了自己存活在天地间的目标。“书”，多么简单的一个字，但它却可以容纳世间的任何美好东西！

书中说，缘分会有尽头。我和书的缘分会有尽头吗？或许不会吧！不，肯定不会！缘分虽有尽头，但学海却无涯。

从教育初心出发，教书育人

珠海市香洲区第三小学　李　玲

本学期，在工作室组织读书的时候，我有幸读了《来自美国最优秀教师的建议》一书，读后受益匪浅，感觉很震撼。

这本书剖析了从1991年至2010年这二十年来“美国年度教师”的成长

历程、对待教育的态度、对教师职业选择等话题，分享了他们从教多年得到的经验和智慧，通过这些美国教师的自白，向我们展示了他们在教育方面的闪光之处。读了这本书，它让我知道了教师可以影响世界，创造未来。也让我知道了学生需要什么样的老师，也让我决定改变自己，做一个学生喜欢的老师。

教师不是把教书看作谋生的手段，而是以教书育人为崇高的职责，并能从中享受到人生的乐趣。他们用真诚去换取学生的真诚，用自己高尚的品德去塑造学生高尚的品德，用自己的 “正直”去构筑学生的正直，用自己人性的善良去描绘学生人性的善良美好。对职业的热爱，才能迸发出灵魂的光辉，一个对教师职业充满无比热爱的老师，才能感染身边所有的学生对未知世界的热爱。怠惰使人沮丧，而热爱可以激励人的潜能，激发孕育的力量。热爱教师职业，才能全心全意、毫无顾虑地投入对学生的教育工作中，培养出拥有纯洁灵魂的人才。“优秀的教师让人充满希望，让人相信有一千个拥抱生活的理由。”是的，教育不是为了填满水桶，而是为了点燃火焰。在教学过程中，知识技能固然重要，但是，孩子们的兴趣和信心更重要。

内心对学生充满爱意的老师，会平等地对待每一个学生，不会因为学习成绩的好坏与家庭背景的不同高看或歧视某些学生。他们胸怀宽广，能包容性格脾气迥异、兴趣爱好互有差异的学生。他们不仅是学生的良师，更是慈爱的长者；他们不仅关注学生的学业成绩，也关心学生的思想品德与行为习惯，更把学生的喜怒哀乐记在心间。对孩子充满希望！憧憬未来是一门艺术，它可以帮你看到别人看不到的希望。尊重、关爱、了解学生，为学生做好一切服务。对学生一定要用心！引导自己，需要用脑，而引导他人，需要用心。要激励学生加强自我管理，实现快乐、充实地学习、生活和娱乐。我要公平、公正地对待每一位学生，让每一位学生都享受到老师对他们的关心和爱护。当老师就要有一颗奉献的心，要乐于为每一位学生服务。要乐观、开朗，这样会感染每一位学生。

信任是教育者与受教育者人际关系发展的前提，信任学生可以促进学生知识内化、思想转化以及提高教育的实效性。可以说信任是一切教育教学活动得以展开的前提条件，是决定教育成功与否的关键要素，也是当前教育实践对教师提出的理性要求和职业道德的应有之义。“ 普通教师告诉学生做什么，称职教师向学生解释怎么做，出色教师为学生做出示范，最优秀教师信任激励学生。”这些优秀老师有着他们不同的方法和不同的信念，但都朝向同一个目标，就是教育与信任、激励学生。从这本书中，我一次又一次地学到很多很多……

教学思考有助于教师的专业发展。教学思考无论是从初衷还是归宿来说，都是教师主体的积极自我审视行为，以期达到发展自我、提升自我，从而实现专业化成长。这正是教学思考的现实意义所在。优秀的老师尽职尽责，生命不息，学习不止。他们不停地探索新思想，尝试新变革，寻找有助于鼓励、激发学生的新方法。优秀的教师不断通过学习、阅读和更新教案来实践自己的信条，始终保持对教师这一职业的热情和责任感。

我们每个教育工作者都应该把促进学生学习作为教学的动力。这就意味着教师需要和学生建立良好的关系。学生需要值得信任、值得尊敬、能带给他们安全感的老师。只有学生主动学习，才会有学习的快乐和学习的成功。一个人事业上的成功，只有百分之二十是由于他的专业技术，另外的百分之八十要靠人际关系、处世技巧。良好的人际关系是教师理想工作环境的重要条件，与同事、学生家长建立良好的人际关系，形成和谐融洽的氛围，能形成团结互助、积极进取的合力，令人心情舒畅、精神焕发，有利于教师和学生优良个性的形成，顺利完成教育教学任务。

更新教学理念，建立在激情、职业精神和坚持不懈的基础上。激情是这三者中最为高贵的，它可以点燃学生们一度忽略的心灵火焰。教师必须在课堂上释放出他的激情，因为这种强烈的感情，能够照亮孩子们的学习之路，鼓励他们记住重要的概念和理念。学生们可以从老师身上感受到力量、热情和创造力，并且意识到，老师教的哪些东西是重要的、值得学习的。对自己的工作充满激情的老师，能够直接且不断地鼓舞学生，激起他们内在的主动学习的愿望。职业精神意味着，教师要把教书育人当作一项嗜好，而不只是一份工作。成为富有职业精神的教师，其重要性超过了获取知识、教学技能和获得教师资格证等的总和。作为职业教师应超越现有的教学理念和教育哲学的模式，努力成为一位“艺术家”。坚持不懈是一种能够教好任何学生的能力，特别是那些被诊断为存在行为和情绪障碍的孩子。我们作为教师必须找出教育和辅导这些内心脆弱的孩子们的方法。面对困境中的学生，我们有能力去改变他，只要坚持不懈！

改进教学策略，我们要为每一名学生提供机会，帮助那些学习困难的学生，为那些能力有缺陷的孩子提供更多课外活动，使所有孩子能够运用现代技术，并且将家庭与学校联系起来，以建立彼此之间的理解和信任。通过幽默感和对学生的爱，鼓励学生改变自己的生活，创造更加美好的世界，鼓励孩子们学习和不断完善自己。

提供教学方法，运用新课标的理念，强调课程从学生的学习兴趣、生活经验和认知水平出发，倡导体验、实践、参与、合作与交流的学习方式和任务型的教学途径，发展学生的综合能力，使学习的过程成为学生形成积极的情感态度、主动思维和大胆实践、提高跨文化意识和形成自主学习能力的过程。

总之，读了这本书，我收获了许多许多，当然，更重要的是运用从书中学到的理论和方法指导我今后的教育教学。

《重新定义学校》读书心得

珠海市香洲区实验学校　邱晓红

《重新定义学校》为北京市十一学校校长李希贵所著。在该书里收集了11个报告，大都是2012年至2017年李希贵校长在全国新学校行动研究年会上的讲座。大部分内容不同程度地涉及学校治理结构、课程体系和教师队伍建设，尤以涉及课程体系内容的分量最大。这本书是我家先生购买众多书籍中的一本。它安静地待在书架好久了，这本书给我的第一感觉很一般，因为它的封面一点也不吸引人，而且从题目上看应该是属于学校管理层领导们看的书，所以我一直没有碰它。暑假整理书架，随手翻阅了一下，就再也放不下了，书中的教育案例、管理案例等都给了我很大的启发。

一、备好每一节课，上好每一节课

李希贵校长直言不讳地说：“学生问题很多的背后，一定是老师的问题。在学生表现出的这些问题的背后，我们老师的问题是什么呢？比如，学生综合运用知识的能力不强，背后可能就是老师缺乏对能力的分析、缺乏方法的指导、没有提供助力学生攀登的脚手架。什么叫‘审题不仔细’呢？第一，不会读题，不会提取关键信息，不会建立逻辑关系。第二，在思维方式上，不能站在命题者的角度考虑。相应地，老师的问题在哪里呢？学生不会提取关键信息，老师给学生提供过提取关键信息的方法了吗？我们平时给学生训练过这些吗？如果没有训练过，那学生怎么会审题呢？”“学生逻辑不清，不能站在命题者的角度考虑问题”这说明我们老师就缺乏创设情境，培养学生多角度思维的能力。

是的，在办公室，我们常常听到这样的抱怨：“这种题型我在上课的时候已经反复讲解练习，可是今天的改卷发现居然还有好多人不会！气死我了，我这个班的学生真是笨！”我们不排除班上确实存在智力偏低的学生，但是正如李希贵校长说的：出现这样的问题，作为教师，在课堂上我们有没有给予学生方法的指导？有没有提供助力学生攀登的脚手架？作为教师遇到这样的情况，应该学会“自我追责”——找到问题背后的一个有效措施。学生出现这些问题归根到底是问题出在备课环节和上课环节。在备课环节，教师有没有预设学生可能会出现的问题以及问题的解决方法？教师应以解决教学问题为导向，对学生的已有知识水平、可能出现的问题以及课堂教学的预期目标进行精准的分析，在上课环节教师为学生提供方法的指导，以教学目标任务达成度为检索开展课堂教学前期的设计与预案。著名数学家苏步青说：如果你用一分力量备课，两分力量上课，你就要用三分力量批改作业。反之，如果你用三分力量备课，两分力量上课，你就可以只用一分力量批改作业。

努力备好每一节课，上好每一节课，对一名教师而言，没有比这更重要的了。

二、寻找力量，启动引擎

李希贵校长说：在寻找力量的时候，我们要启动引擎，而不是撬动轮子。那么，引擎在哪里呢？我们的体会是这个引擎就是分享——分享每一个人的收获，分享每一个人的经验，分享每一个人的智慧，分享每一个人的教学创新。在分享的过程中，通过互动，收获一种成就感，会使人感到幸福，这就是关键的驱动点。

班级是学校教育的基本单位，是教师和学生开展各项活动的最基本组织形式。教师是班级的管理者，从某种意义上说不亚于一个校长或者是说几个校长，因为每一个教师手中往往有一个或是几个班级，教师如何管好这些“团队”——班级？光靠教师一个人肯定不行，光靠班规也不行，关键还是要靠学生自治，激发学生自我成长的内在需求，也就是说我们需要寻找一种力量，需要启动学生自我成长意愿的引擎。仔细回忆一下，在我自己这么多年的教育教学过程，我关注的往往都是班级的两头——最好的和最差的，中间层次的学生常常被忽略掉，在小组合作中，负责讲解答疑的多是优等生，后进生只有听的分儿，在分享学习经验这块，那就更不用说只有优等生的机会。李希贵校长在书中提到的分享每一个人的收获、每一个人的经验和智慧。如何做到每个人都有机会分享呢？需要我在日后的工作中多往这方面思考，也许还可以和其他老师一起抱团尝试。

最后，李希贵校长还说，一个人最难做到的是什么？就是“认识你自己”。这件事是一生都很难完全实现的目标，但每个人必须开始这样尝试。因为如果连自己都不去认识的话，你就没法做判断，你就找不到发展、进步的起点，只有先“认识你自己”，然后才能“走向元认知”，去研究你是怎么工作的，你是怎么思考的，你是怎么解决问题的。李校长告诉我们：教师需要学会反思，多角度看待自己的优点和缺点，才能找到自己的进步点和发展点。

读《重新定义学校》一书，教会我从管理者的角度看待学校的变革，对学校很多管理制度也多了一分理解；读《重新定义学校》一书，让我快速准确地找到日常工作中问题背后的原因，寻找到了能解决问题的方法；读《重新定义学校》一书，让我有了迫切启动我的职业幸福感引擎的愿望。我想我还会常常捧起《重新定义学校》这本书的。

《小学英语教学策略》阅读有感

珠海市斗门区井岸镇第二小学　黄海珍

2019年10月17日，又一个风和日丽的日子。我们来到美丽的香洲区二十一小，开始工作室研修活动，欣赏了周红领校长为我们带来的极具意义的专题讲座《学校管理走向自觉，必须从读书修德做起》。周校长从五个方面阐述了读书的重要性：①读书的必要性；②良好的校风源于师生读书修德；③一个人的精神发育史就是他的阅读；④聊聊最大的爱好——读书；⑤阅读的不同功能和层次。浅阅读：娱乐/消遣性阅读；深阅读：提高/教育性阅读。周校长经常问自己："您读书了吗？你学习了吗？"将读书与修德联系起来，并给学校老师读书修德的参考建议。二十一小的老师都习惯每天在校园一处读书，而且是坚持不懈。周校长勉励他人，读书修身养德，这样才能保持与时俱进，提升素养。讲座结束后，黄珍导师给了我们十几本书，叮嘱我们要认真阅读，提高自己的能力修养。

捧着颇有重量的精神食粮，我开始了阅读旅程。我选择了王笃勤的《小学英语教学策略》这本书，在阅读之前，我觉得教学策略与教学方法是一样的，但在阅读后，发现两者有轻微的区别。教学方法与教学策略的本质区别就是具体措施的实际执行是否有利于提高"教学的实效性"，教学方法相对是固定的，不能变化的，而教学策略则是需要根据执行的具体情况灵活调整的，也包括对教学方法的调整。《小学英语教学策略》涵盖了7个教学策略：语音、词汇、听说、阅读、语法、游戏、评价。每一个策略都有规划、设计、实施，其中阅读教学策略是我比较感兴趣的，毕竟在我们城镇及农村小学，这种方法是极少用的。从书中我提炼了小学阶段的阅读特点。

第一，一年级的学生阅读能力低。

第二，阅读内容简单，偏生活化。

第三，配图阅读，小学阶段学生要求非语言输出。

从以上可以看出小学阶段阅读很重要，如果不从低年级段开始展开阅读，到以后学生就很难成为阅读流畅者。现在提倡绘本阅读是非常符合小学生特点的，比较简单，生活元素丰富，全文配图，学生较感兴趣，而且学生理解即可，不需要死记硬背。

文中还提到了阅读教学设计实施策略，阅读完后我对阅读教学策略有了清晰的方向。由于区域性的差异，在我们斗门区阅读教学还不是很普及，书中详细提到了如何组织阅读活动、如何反馈和评价，现在就如何组织阅读活动谈谈我的体会。

（1）根据阅读目标确定组织形式。主要有个体、同伴、小组活动等形式。在教学中我发现同伴和小组阅读比个人阅读更有效果，如在学习*Monkey King fights White-Bone Monster*时，让学生分角色朗读，学生更有兴趣。他们喜欢模仿不同的人物身份而用不同的语调，阅读完后我会采用提问的方式去帮助他们更好地理解文本。书中还提到除了表演，还可以制作海报，这是我以后可以尝试的方法。

（2）教学环节的组织形式。通常我会用提问、图片、教新词的方法组织教学，这时候是全班参与，很少采用单独阅读的方法。英语教学策略中提到必须保证每个学生都要有独立默读时间，否则无法培养学生的阅读能力。在教学中我忽略了这个环节，没有让学生单独阅读、单独思考，学生的阅读时间不够，对文章了解也不深。在今后会改变策略，让学生有理解课文信息的时间，培养阅读技能。

（3）阅读活动的反馈，我多数采用回答问题、用简单的语句翻译文章。文中提出还可角色扮演、调查等，但切忌以逐个提问的方式进行反馈，因为这样很难促进学生参与的积极性，另外如果阅读只是理解，那么不宜让学生用英语回答。我想这些都是英语老师教学的误区，需要重视和改进。

（4）阅读活动的评价。众所周知，学生喜欢被表扬、被欣赏、被认可。在阅读教学中我们老师要肯定学生的观点，即使不太正确，也应以鼓励为主，并且帮助改善。有些老师会给学生物质奖励，包括我也是这样认为。殊不知教师口头奖励比物质奖励更为重要，学生更喜欢老师的称赞。

文中结尾还列举了两个例子，非常生动，对比鲜明。案例点评较细致、独到、精辟，对比两个例子，我发现英语教学阅读是一门很深的学问，教师不能只是照本宣科，或者一带而过。我们要了解阅读教学的目的，设计合理的教学活动，进行有效合适的反馈，让阅读教学成为教师日常教学的一部分。

读《给教师的建议》有感

阳江职业技术学院附属实验学校　黄俏华

《给教师的建议》是苏联教育家苏霍姆林斯基所著，是一本教育经典著作。苏联当代著名教育家苏霍姆林斯基是一位具有30多年教育实践经验的教育理论家。为了解决中小学的实际问题，切实提高教育教学质量，他专为中小学教师写了一本《给教师的一百条建议》。译者根据我国的情况和需要，选择了《给教师的一百条建议》的精华部分，另从苏氏的其他著作里选译了有益于教师开阔眼界、提高水平的精彩条目，作为补充，全书仍有一百条，改称《给教师的建议》。书中每条谈一个问题，既有生动的实际事例，又有精辟的理论分析。文字深入浅出，通顺流畅，具有很强的可读性。

一、把基础知识保持在学生的记忆里

小学教师们最重要的任务，就是构筑一个牢固的知识地基。

善于使用童年时期的记忆，不使它负担过重，它就会成为你的第一个助手。学生在早年记住的东西，常常永远不会忘记。游戏成分在教学过程中具有很重要的意义。随意注意、随意识记跟不随意注意、不随意识记结合起来更有利于学生的记忆。

二、争取学生热爱你的学科

一个教师集体都善于点燃起学生对自己学科的热爱的火花，那么在这样的环境中，一定会使每一个儿童的天赋素质得到发展，使他们的爱好、才能、志向、禀赋确立起来。一个人不可能对任何事物都不感兴趣。接近那种无动于衷的头脑的最可靠的途径就是思考。只有靠思考来唤醒思考。

三、怎样使学生注意力集中

控制注意力的问题，是教师工作中最精细的而且研究得还很充分的领域之一。要能控制注意力，就必须懂得儿童的心理，了解儿童的年龄特点。要能把握住儿童的注意力，要形成、确立并且保持儿童情绪高涨、智力振奋的状态，使儿童体验到自己在追求真理，进行脑力活动的自豪感。

直观手段可以提高学生对学科的兴趣，加强学生的注意力。但是，直观性作为一条教学原则来说，则具有广泛的含义。如果把直观教具仅仅看作吸引学生注意力的手段，那么这不仅对教学，特别是对智育，都是很有害的。

无论年轻的时候充满了多么热烈而紧张的劳动，在这个时期里，总还是能够找到时间，来逐渐地、一步一步地积累我们的精神财富。为了上好一节课，我们是一辈子都在备课的。我们只有每天不断地补充自己的学科知识，才有可能在讲课的过程中看到学生们的脑力劳动。占据我们的注意中心的将不是关心教材内容的思考，而是对于我们的学生的思维情况的关心。这是每一个教师的教育技巧的高峰，我们应当努力向它攀登。

向名师看齐，演绎精彩课堂

阳春市春城街道第一小学　黄壬贵

进入工作室一年多了，在主持人黄珍老师的带领下，我们一起送教、开展研讨活动、参加学科培训……我不断反思，不断在教学中尝试应用所学的内容，发觉自己的知识仍存在很多的不足，距离一个成熟的教师还有很长的路要走。这个学期，我们工作室给每个学员配置了一批关于教育教学的书籍，我静下心来细细品读了《中小学教师如何成长为名师》一书。读过这本书后，我解决了平时在教学中遇到的疑惑，深深地感受到只有不断地学习才能变得充实。

时代呼吁名师，社会的进步需要名师，我们学生的未来迫切需要名师。作为教师的我们必须不断学习，提升自己的专业水平，不断拉近我们与名师之间的差距，使自己也成为一位名师。书中讲述了何谓名师，名师，就是有知名度的教师，工作出色，教学效果好，为同仁所熟知，为学生所欢迎，为社会所认可，有相当的名气和威望。名师之所以谓之“名”，是因为他们自身所独有的光环。西北师范大学的李瑾瑜先生在界定名师的定义时强调了名师的四大特征，即名师是“倾其所爱为教育的奉献者；走进学生情感世界的阳光使者；引领教育创新潮流的探索者；乐于学习善于学习的终身学习者”。

通过阅读《中小学教师如何成长为名师》这本书，我认为做一个爱孩子的教师才是教师工作的重中之重。新时期的师德建设应该是教育行政管理者按照教师职业道德规范及职业标准，通过学校为教师成长导航、服务，引领教师提升个人职业行为质量，生成优秀的教育品质，形成教育特色，从而提高教育教学水平，同时成就名师的教育管理行为，是激发教师专业成长的内驱力、实现教师专业内涵式发展的过程。2014年，习近平总书记在同北京师范大学师生代表座谈时，勉励广大教师要做“有理想信念、有道德情操、有扎实学识、有仁爱之心”的好教师。自从我加入广东省黄珍名师工作室，我便努力成为孩子心中的名师：想学生所想，爱学生所爱。将热爱融入课程，融入教学工作当中，使孩子们在快乐天地中，爱上学习，爱上生活。

如何成为名师呢？我觉得首先要做一个有职业理想的老师。这本书中的中国语文特级教师王君老师，以自身经历向我们讲述了她认为的名师是怎样的。因为她对语文的梦想，让她在高考落榜之后，坚定决然地对她父亲说，不，她要复读，她说她语文好，明年她一定能够考上，她要当语文老师。对语文的梦想，让她成为乡村教师后在大山里教书教得有滋有味；对语文的梦想，让她在参加工作才三个月就主动请缨代表县上公开课，让她真心地敞开教室大门请求同事和教研室的老师来听课指导，让她在教龄才三年的时候就获得了市级优质课大赛的第一名，25岁就得以幸运地登上了全国课堂教学大赛的讲台；对语文的梦想，让她起步于赛课而绝不允许自己止于赛课。她渐渐地明白了语文教学是最富有艺术和浪漫精神的，语文的教研成果也完全可以拥有烂漫的诗化境界。于是，她有了上百万字的语文教学手记和班主任工作手记。

其次要做一个善于追问的老师。第一个要问自己，俗话说“不想当将军的士兵不是好士兵”。这个道理用在一个教育者身上，应该是“不想当名师的教师不是好教师”。对于我来讲名师不是目标，而是态度。在加入名师工作室后，我曾对自己的教师职业发展陷入了迷茫，我不停地思索、追问，自己离名师的素质差距实在太大了。最终，我找到了自己的职业发展规划。我对从事的教育事业有了更深的理解和感悟，学生才是课堂教学真正的主角，一节充满生命活力的课堂是通过学生体现出来的。学生的学习不仅仅局限于课堂，更应该走出课堂，走向生活。

最后我要形成自己的教学风格。一是课堂上讲课要深入浅出，条理清楚，层层剖析，环环相扣，引导学生多思多问，巧妙设计思维导图，用思维的逻辑力量吸引学生的注意力，用理智控制课堂教学活动。只有精心耕耘，才能收获成长。没有人能随随便便成功，唯有不懈地努力，不停地学习，不断地坚持，才能超越自己，才会有璀璨的未来!

二是要学会问学生。书中谈到老师提问也要特别注意：①一般情况下，老师应尽量引导学生自己去发现问题、提出问题，尽可能置学生于“愤”“悱”状态中。②确需老师提问，则应把握住重点、难点、疑点，提出一个问题，要具备“一石激起千层浪”的效果。③教师提出的问题必须能启发学生的思维。只有遵循以上三点来提问，教学活动中由始至终学生的思维才会处于积极状态。

三是备好每一节课。书中谈到于永正老师的备课。“设计课堂就是设计人生”，每一节课都是师生生命中不可再现的一段经历，只有深入细致地研究学生，全身心地钻研教材、教法，像“准备了一辈子”的那位老师一样，求真、求实、求新，备好每一课。备课首先要观念更新，只有当观念转变了，课堂才能得到真正的转变。我研究了很多名师的备课，基本上是备学生、备目标、备课堂提问、备学法指导、备课堂实践。进入工作室学习，这是一个团队合作的过程，也是一个厚积薄发的过程。一开始工作之际，我还很胆小害羞，有问题也不好意思问，有困难就自己低头苦心解决，后来，我终于明白，故步自封是不行的、是没有出路的。萧伯纳说：“你有一个苹果，我有一个苹果，彼此交换一下，我们仍然是各有一个苹果；但你有一种思想，我有一种思想，彼此交换，我们就都有了两种思想，甚至更多。”所以要做一个会合作的教师。常言道：两人智慧胜一人，众人拾柴火焰高。许多研究发现，教师一起密切沟通，休息时的相互交谈、备课时的疑难问题商讨、公开课的观摩与评价，都是教师面对面交流互动的平台。在这个平台中，我们共同探讨教学中的热点、难点问题，探讨教学的艺术，交流彼此的经验，共享成功的喜悦，相互学习，共同提高。

要成长为名师，绝不是偶然。虽然我不是名师，但我愿向名师看齐，让名师成为自己前进道路的榜样！虽不能至，然心向往之。教师所求的不是只教给学生所需要的知识，而是让他们通过我们的言传身教成为适应社会发展的人。

这段时间以来，我每天坚持读一读这本书，细细钻研、体会这本书中的内容与韵味，书中的每一位名师的事例，都是我前行路上可能会遇到的。书不是读过就算了，一遍两遍……“纸上得来终觉浅，绝知此事要躬行。”只要我们心怀梦想，不懈追求，每天进步一点点，积少成多，就能不断提高教育教学艺术，逐渐成为名师，走进学生心里，演绎精彩课堂，离学生心中的名师也会越来越近……

读《教师人文读本》有感

珠海高新区金鼎第一小学　李翠英

暑假期间，我读了一本名叫《教师人文读本》的书，深有感触。百年大计，教育为本，教育大计，教师为本。教师在教育的长河中高举火炬，指引学生的人生。因此提高教师素质显得尤为重要。

书中提到，要提高教师素质，就要提高教师的文化素养、人文素养和审美素养，这三种素养构成了一个人的整体素养。人文素养以人为对象、以人为精神。它就是指为人处世的“德性、价值观和人生哲学”。它的核心内容是对人类生存意义和价值的关怀，这就是“人文精神”。它以人的价值、人的感受和人的尊严为万物的尺度。因此，我们教师在教书育人的过程中，要尊重学生、理解学生。不能只片面地追求教学成绩，而忽视学生的感受。一个班级中往往会有比较调皮的学生，他们学习态度和学习习惯不太好，成绩相对落后，也就是我们常说的后进生。部分老师觉得后进生平时麻烦多，有的屡教不改、成绩落后，拖累了班级的平均成绩。对他们没有耐性，冷嘲热讽，甚至当着全班同学的面指名道姓地严肃批评他们，忽略他们的感受。后进生觉得老师用异样的目光看待他们，破罐子破摔、自暴自弃。其实后进生是最需要教师关怀的对象。我们要了解后进生形成的原因，很多时候，他们后进是由于他们的家庭教育、学习态度和学习习惯造成的，他们只是暂时遇到困难，表现相对落后。如果教师能深入了解后进生形成的原因，和家庭形成合力，与学生建立良好的师生关系，尊重理解他们，在学习上给予他们指导，平时多关心他们，学生能很大程度地取得进步。

新课程要贯彻以人为本的理念，培养学生的自学能力、思考能力、实践能力、创新能力等，促进学生的身心和谐发展，为学生的终身发展奠定基础。这就在客观上要求必须提高教师的人文素养。因为只有具备人文素养，教师在教育中才能真正树立以人为本、以学生为主体的现代教育观念，在教育管理中充分尊重学生的主体性，把学生当人看，把他们当作有情感的、鲜活的、独立的人。教师要引导和激发学生的自尊意识和自觉意识，不断完善自己。教师在日常教学管理中要尊重和关心学生，对教书育人有强烈责任感和历史使命感。一名优秀的教师，一定要有深厚的文化底蕴和人文精神。教师只有提高自己的人文素养，才可能从教书匠成长为有经验的教师甚至名师。

作为教师，缺乏人文素养和人文精神就不可能充分理解人性，不能真正爱护、尊重学生。而爱和尊重是教育的前提。没有人文素养，教师也无法在现实的、繁重的日常教育生活中保持冷静和克制，把握教育的契机。要提高人们的人文素养，就必须从小抓起，从学校教育抓起，而首先必须从提高教师的人文素养抓起。

那么，我们怎样才能提高人文素养呢？要提高自己的人文素养，教师就必须在博览群书中思考、积累，丰富自己的知识和思想，拓宽文化的视野，提高思想思维的高度和广度。学会学习，与时俱进，养成终身学习的习惯。当然，教师还要向周围其他同事学习，学习他们教书育人的经验和方法，还要利用计算机网络学习，不断提高自己的信息素养，熟练地运用计算机获取信息，还要积极向教学实践学习，积累经验，不断思考、总结，改进教学方法等。做到这些，教师有了人文素养和人文精神，才有可能真正成长起来。因此，我们必须不断地学习，终身学习，做一名优秀的人民教师。

孩子愿意听我这么说

——读《如何说孩子才会听，怎么听孩子才肯说》有感

珠海市金湾区第一小学　李　凤

在我苦恼为什么孩子不愿意听我话的时候，一位朋友建议我阅读《如何说孩子才会听，怎么听孩子才肯说》这本书。这真是一本值得反复细看的书!这本书教会我一种让孩子“听话”的神奇语言，一种让孩子接受要求和忠告的爱的语言。

阅读这本书是一个学习“爱的技巧”的过程。它给了我走进孩子内心世界的钥匙，指引我如何切身体会孩子内心的感受。书中阐述了以下观点：孩子的感受和他们的行为有直接的联系，孩子有好的感受，才会有好的行为。

那问题来了，怎样才能让孩子有好的感受呢？那就接受他们的感受吧！听起来挺简单的。然而，父母却往往不能认同孩子感受。例如，我们常常会说“你并不是真的那样觉得”“你只是因为太累了，才这么说”“你没必要这么难过”。这些都是不接受孩子感受的表现。当孩子真实的感受被不断地否定时，他就会感到困惑或者愤怒，他就无法接受父母的建议。我们家女儿兜兜今年4岁半了，也经常遇到类似书中描述的情景，我试着学书中的建议去做，果然奏效。原来孩子听不听话真的取决于大人们怎么说。如一天，做好的早餐是汤河粉，而兜兜却说要吃捞面。在没看这本书之前，我也许会耐心地给她解释家里没有面条，而且汤河粉已经做好，不吃就会浪费，粮食来之不易，我们要珍惜粮食等，尝试用一切道理说服她。如果这般耐心还行不通的话，估计我就要生气发火了，最后的结果应该是孩子哭闹着屈服吧。

很幸运！书上正好有这么一个例子。它指导我从孩子的感受出发，先肯定孩子的感受。我学着书上对兜兜说："我明白了，原来你想吃捞面。是啊，捞面是挺香的，我也好想吃。要是我有魔法，马上把河粉变成捞面，那该多好啊！我真想为你变出捞面来。可现在家里没有面条，怎么办呢？"我这么说了好长的一段话，兜兜竟然静静地听完了，而且懂事地回应我说："那我们现在先吃河粉吧。妈妈，明天你用魔法给我做捞面吧，好吗？"真的，我这么说，孩子就听话了。看来，只要父母注意讲话方式，每个孩子都会是很乖巧的。

那老师该如何认同学生的感受呢？该如何说话才能获得开启学生内心世界的钥匙呢？

我任教的四（3）班上有个聪明的孩子，名叫文×州。文×州思维非常活跃，上课爱说话，总是影响课堂。虽然我很关注他，及时点名、批评，与他讲道理，却不见其效。阅读《如何说孩子才会听，怎么听孩子才肯说》之后，我在想：如果我找他谈话，他的感受会是怎样的？我要怎么说，才能让他知道我能理解他，让他有好的感受呢？

一番推演后，我把孩子叫到跟前，语气平和地跟他聊起来。

"文×州，英语课堂上，挺能说的哦。为什么你说那么多呢？"

"同学们都喜欢听我讲话啊。"

"你是怎么知道他们喜欢你说的话呢？"

"我讲话，他们都在笑。"

"嗯！他们是笑了，看来他们真的很喜欢你。不过，你说的话多了点，影响到我的课堂了。"

"不多，两三百字而已。"

"两三百字还是太多了，减少点。在我的课堂上说二三十字就好。能做到吗？"

孩子竟然点点头，以示同意。

这次谈话之后，文×州在英语课堂上真的改变了，他努力控制自己少说话，并且做到越来越专心地听课。也许是我的心平气和，也许是我听完孩子讲话的耐心，又或者是我并非命令式的禁止他课堂上讲话，让他知道他的感受被认同。看来说话的态度和方式很重要。

《如何说孩子才会听，怎么听孩子才肯说》真是一本奇特的书，克服了说教的毛病，结合了众多的故事，辅助于生动有趣的漫画，呈现了很多实用简单却有效的方法，让人看了就能懂，懂了就能用，用了就见效。它对我的生活和教学都有着很大影响，我将反复阅读，结合实践，使学到的技巧真正内化到日常生活和教学中。

"一个都不能少"

——读《教育魅力》有感

珠海市金湾区三灶镇中心小学　张彩玉

《教育魅力》一书提到了特级教师钱梦龙先生小时候的一件事：一位叫武钟英的国语老师用一本字典改变了他的人生轨迹。一天放学后，武老师把他叫到办公室，拿起一本小字典，对他说："老师们都说你笨，如果你能学会查这本四角号码字典，就能证明你不笨。"从没翻过字典的钱梦龙在武老师的引导下居然很快就学会了这种查字法。忽然之间，他像发现了一个全新的"我"。接下来，武老师交给他一项任务：每教新课之前，把课文中生字的音义从字典里查出来，抄在黑板上供同学们学习。一学期下来，在武老师的帮助和鼓励下，他的求知欲被唤醒了，学习成绩越来越好。

面对这个转化后进生真实且取得了极大成功的案例，我知道是"爱"在起作用，然而并不满足于知道这点，从不怀疑自己对学生的爱，也相信大部分老师是爱学生的。但要如何去爱，如何智慧地去爱，还是有许多规律性的东西有待发现。从这个案例看来，以下两点非常关键。

一是给学生以信心。学困生是自信心基本丧失的一群，一次次的打击使他们的内心充满了无力感，这导致他们做任何事没有动力。所以帮他们找回自己行的信心很重要。武老师是通过学查字典给学生以信心的，我的生活中可以从以下方面给学生增加信心：①记录他们做得好的细节，重重表扬，让他们感受到自己的价值，喜欢自己。曾尝试过的开心果树记录要继续，只是把细节再完善。②别让孩子许不能完成的诺。明知他不太可能做到，让他许诺，这是让他一次次地自食其言，这也是在一点点蚕食他们对自己的信心。③始终相信每个人都有自己的优点，一定要用这样的眼光去看孩子，学生是敏感的，口是心非骗不了他们。对特别迟钝的孩子，用加倍的善意和体贴，静待花开。曾教过的一个二年级的女孩小玲，教了半个学期，她上课从不发言，老师每次提问她都低头不吭一声，同学们都起哄，说老师不用叫她的，她就是什么都不懂的。我还是一如既往地带她一起游戏，给了她更多的微笑和关注。第二学期，她每次看见我就眼睛发亮，一个劲儿地拥抱我，也开始主动参与课堂了。用了一个学期去等待，每每想到这孩子，心里就暖暖的。上帝很公平，对于迟钝的孩子，老天一定给了他们其他方面的天赋，这需要我们去发现。作家杨红樱，一位享受国务院特殊津贴专家，她说自己小时候就是一个很笨、反应迟钝的小女孩，但教她的老师从不说她笨，特别是数学老师，她二年级还不会写“3”，老师也没说她笨，她的自尊心受到了完好的保护。这个当时如此迟钝的孩子却取得了许多人难以企及的成绩：19岁开始发表作品，已出版童话、小说、散文80多种，作品被译成多语种全球发行。

二是给学困生布置任务。这个任务可以是班上的某个职务，也可以是帮老师、同学的忙。这样做有以下的好处：①目标明确，完成任务带来的成就感能给他带来价值感。②学困生在班上经常被边缘化，赋予任务能让他们重新找回班级主人的感觉，从而活得更积极、主动。老师在这个任务开始前，还应加强指导，帮他把事做好、做美，让他的努力有一个好的结果，让结果的反馈进一步强化他做事的积极性。

阅读，站稳讲台的力量

珠海市香山学校　高晓霞

气质，是一个人的精神长相。孟子曰：“吾善养吾浩然之气。”一个教师最好的气质就是书卷气。读书，当是教师的一种常态、一种生活方式。阅读让一个人静处的时光更为深厚快乐。我是静处的性格，大部分的宅家时刻都是阅读，古诗词、教育类、哲学、心理学都是探索自我追逐心灵成长的重要方式。作为老师，阅读更为重要，无论是教育类还是英语教学专业书籍，它们成了我站稳讲台的力量。阅读也成了我常态生活的一部分，家中最多的是书。教育类书籍，中华书局出版的经典古籍，现代版的经济学、心理学、哲学类书籍也是我的心灵陪伴。为师者，因书香而致远，也因书香而动人，它们给予了我教书育人的底气。

正如苏格拉底所言，智慧就是了解自己的无知，越读书，越能知道自己面前那个更为广阔丰富的世界。

教育需要革命，课堂需要革命，我想，最需要的革命的是作为教师的自己。因为教师是课程乃至课堂的创造者。李镇西老师曾经说过，自己培养自己。那么，自我革命最直接的方式就是阅读。郑英老师的文章总能旁征博引、文采奕奕，她的报告总能有鲜明的主题、精致的表达、生动的故事……我想这与她“自我革命”和“阅读大地之书”分不开。“一个人的精神发育史就是他的阅读史”，阅读，对一个教师而言实在是太重要了！通读完李镇西老师的系列书籍，我读到了一个优秀老师的情怀和努力。读吴非老师的书，我学会了辩证地思考学校里发生的事，以及何为遵守教育的常识。读朱永新老师的书让我对教育的体系和未来有了更深刻的认识。

读第五项修炼构建“学习型组织”。让我明白所谓五项修炼，就是五项技能，是一个人一生要学习和实践的内容。第一项，自我超越。就是做一个终身学习者，不断更新自我。第二项，改善心智模式。以开放的心态容纳别人，弥补自己认识的不足。第三项，建立共同愿景。第四项，团体学习。通过深度会谈，形成整体学习的氛围。第五项，系统思考。组织是一个复杂性事物，用系统的观点来看待组织，把以上五项修炼综合起来。

读焦晓骏的《怎样成为一名优秀英语教师》，我收获了很多方法，解决了困惑，比如如何能在常规课堂教学的背景下，比较有效地学习英语，而且能较好地应对测试。一旦将考试作为指挥棒，英语学习便更多地沦为语言知识的学习。于是，语言技能与语言知识的割裂、语言与思维的割裂、语言与文化的割裂等现象比较常见，因为不少教师想当然地认为，瞄准考试题必定能命中目标。但结果并不能令人满意，因为目前的考试设计正趋向活用，光凭机械的知识拼装仍然是学不好英语的。

基于建构主义理论的影响，强调通过自身的体验来构建认知，因而英语教师的角色也应发生相应的转变，即从过去的分解、呈现、传授知识技能，改变为引导、观察、参与学习活动。课堂内外浓郁的文化气息可以通过激活认知与元认知来激发学生的求知欲，并使师生的语言实践、参与、合作与交流变得更为自然。对于英语教师而言，文化素养的提高是成功转变角色的前提。可以说，教师也需要更新教学观念，与学生一起拓展文化视野，改善知识结构。

课堂上融入有文化意识、思维品质和育人价值的英语学习活动，成了改进自我教学新的增长点。我发现，自己碰到的多数问题，早有智慧的老师想过了，多读书、多思考，不停实践，然后总结，我想这就是读书赋予我的重大意义。要成为一名终身学习者，书籍、阅读无疑是最好的陪伴。

学员成长感言

“珍”和力量，领我前行

珠海市斗门区第二实验小学　赵 刚

2017年暑假，我参加珠海市斗门区面向全国的教师招聘，来到斗门区第二实验小学工作，承蒙领导、同行及黄珍老师的帮助，我很快地适应了本地的工作和生活。2018年年初，经过区和市的筛选和申报，我有幸成为广东省黄珍名师工作室的学员。我能得到黄珍老师的指导和引领，深感荣幸。

我心里一直有个词可以同黄老师画等号，那就是“贵人”。人的一生，成长是主题，不成长就无法跨越平常生活工作中横亘在我们面前的种种困难或痛苦，不成长就无法领略到自我更新涅槃重生后的举重若轻和游刃有余。在专业成长路上，不幸跌入职业倦怠的我，曾故步自封，看不见光明和希望。黄老师的出现，像一束柔和的光，慢慢唤醒了我，并指引了我前行的路。

黄珍老师扎实、细致、严谨。每一次活动，她亲力亲为、详细策划，精心设计、注重细节，分工精准、任务明确，活动条理清晰，可操作性强，给了我很好的示范。从她身上，我学习了扎实、细致、严谨的工作安排，使得工作落地性强、可执行性强，提高了我自己的理解力和执行力。

黄珍老师仁爱、严谨、务实、求真。市区内有不少学校、区域邀请她前往讲学，她总是优先选择农村薄弱学校，即使路途远，她依然坚持。为了促进和加强市区内外农村薄弱地区的英语教研发展，黄珍老师每年多次前往珠海西区农村薄弱的地区组织活动，她不辞辛苦，还亲自前往云南怒江，广东省阳江市、阳春市、云浮市等地送教送培，给老师们做讲座、上示范课、做联片教研活动，将辐射引领做到实处、做到细处。她还叮嘱身在西区的学员要带动本地教研的发展，关注本区域小学英语教师理论和实践水平的提高，并对西区联动英语教研团队的活动给予最真切的指导和帮助。她心系偏远地区的教育情怀令我们由衷地感动并立志向她学习，我一定将斗门区“五校联动”英语教研做得扎实有效，并争取辐射到更广的区域。作为学员，我们眼中的导师黄珍老师就是这样的仁爱、严谨、务实、求真。

黄珍老师低调且淡泊名利。黄珍老师一向做人低调，只专心做事，不谈个人得失，一心利他。她重视活动的实效性，每一次的活动从设计到开展总是想着如何引领教师专业发展。她活动所到之处，公益活动也同时开展，爱心企业捐助令学校、学生们非常受益，能有效地带动区域内全体英语教师进行学习和发展。黄珍老师不图名利，只为教师团队和教研力量的发展，这种精神为我们全体学员所佩服和学习。她邀请著名教育专家、全国著名教师为学员讲课，对于斗门区第二实验小学的双语教育实践给予高度关注并对工作的开展进行细致的指导。她通过开展小学英语单元主题复习课例研讨，有效帮助学员将理论学习转化为实践教学行为。

参加珍和工作坊，是我职业生涯的一个重要转折。仿佛黑暗中的人找到了光明，我们在一起分享教学中的困惑，一起解决难题，相亲相爱的“珍”家人给了我太多的支持与帮助。作为我同龄人的黄珍老师，总是毫无保留地分享她的经验，启发我们的思路，促进我们的发展。有了可亲可爱的“珍”家人，我们有了学习的榜样，也有了前进的动力，之前的职业倦怠一扫而空。无论是论文写作，还是讲座分享、课例设计，甚至是班级文化建设，都让我们眼界大开，受益匪浅。感恩携手前行的“珍”家人，特别是黄珍老师，感恩一路上你给我的阳光，使我对未来充满了信心！

在我心中，黄老师就是一朵芳香美丽的花，我就是闻香而来的一只蝴蝶，不经意间飞来，却不想离开。而如今，同我一样闻香而来的蝴蝶越来越多，珍和工作室这个团队也越发蓬勃发展，不仅我们受益了，更是珠海市小学英语教学界的一股清流。正如珍和工作室座右铭一样：独行速，众行远。

追求专业成长的路上，我们能有缘携手同行，我无限感恩，并将更加努力，不辜负恩师的这份用心和期待。我愿意为这个团队多付出，因为在我看来，每一次承担就是我成长的试金石，也愿意和团队成员们一起，做点有意义的事情，做点利于大家的事情。

学习吸收蜕变中，专业成长进行时

珠海市香洲区第三小学　李　玲

努力，会被看见！

2018年，我有幸加入“广东省黄珍名师工作室”，成为工作室的正式学员，结识了九位来自珠海市各兄弟学校才高八斗、各怀“绝技”的优秀英语老师们。

有仰慕已久的全国名师、斗门第二实验小学帅气的赵刚校长；有来自阳江的朴实风趣暖心的“大哥”黄壬贵副校长；有能说会道还有播音特长的来自阳江职院附校的办公室主任黄俏华；有大校风范、以身作则、能带领优秀团队的邱晓红科组长；有美丽博学，优雅体贴的来自金鼎一小的研究生姐妹李翠英；有温婉美丽、循循善诱的来自三灶中心小学的张彩玉主任；有舞姿婀娜、活力四射的井岸三小黄海珍主任；有文采飞扬、专业扎实的睿智的金鼎一小李凤姐姐；有热情大方、才思敏捷、工作上进主动的香山学校的研究生妹妹高晓霞。我们有缘相聚到黄珍老师的工作室，成为“珍和”家人，非常开心。

三年的工作室学习转瞬即逝。三年来，我收获颇丰。

一、学会了如何上好单元主题复习课

复习课是我们都“避之不及”的话题，又是身为一线教师的我们“躲不过”的必上的一种课型。参加工作室之前，每次上研讨课、公开课，我总会挑我擅长的新授课进行展示。加入工作室后，黄老师要求我们向最困难的“复习课”发起挑战，并身先示范，在香洲区的展示课中率先给我们展示了一节相当精彩的三年级Numbers的单元主题复习课。在课上，黄老师引领着孩子们畅游“数字王国”。其中，运用“数字成语”，复习英文数字的教学环节给我留下了深刻的印象：原来，学科融合能这么自然地融入课堂。

2018年开始，我带领香洲三小英语科组的老师们一同跟随黄珍老师研究“复习课型”。2018年4月17日，我第一次尝试利用课本阅读材料Vegetable Soup上单元主题复习课，虽然经过多次磨课，但我呈现的单元主题复习课School Lunch仍然有许多值得考究、改进的地方。2018年10月23日，我在学校准备迎评课Old London and London Today，其中the story about old Zhuhai and Zhuhai today，给听课的老师们留下了深刻的印象，也让香洲三小科组老师第一次认识我们工作室的单元主题复习课型。

2019年 5月15日，我在学校上研讨课——结合校本毕业课程：感恩主题之“护蛋周”上的主题复习课Unforgettable Days，获听课领导、老师们的一致好评。

2019年10月14日，我在学校接待来自广东省2019年度小学英语教师全科教学能力提升研修班的近50名学员，上三年级研讨课——Animals单元主题复习课What do you see? 获得高度赞赏。11月初，我再次接待来自澳门濠江小学的同行们，该课受到与会老师们的一致肯定。2019年11月，我代表学校参加2019年珠海市第二届香洲区中小学教师能力大赛，经层层筛选，最终闯进决赛。2020年1月，我被任命为珠海市2019下半年国家教师资格证面试官，参加为期两天的面试工作，并圆满完成任务。

2020年暑期，黄珍老师为我们送来了特殊的“暑期大礼包”——来自上海艺教的小学英语单元教学设计“优化”暑期线上研修班课程，丰富的学习任务让我们透彻了解上海12年单元整体教学设计。2020年10月，我很荣幸代表学校上评估课。我将假期所学知识融入课堂，上的粤人教版四年级上册My Body单元主题复习课，被评为“优秀”等级。2020年11月，我拍摄录像课：部编人教版一年级起点一年级Unit5 Colours参加珠海市2020年小学英语优质课比赛，并荣获市级二等奖。

教学路上，个人的专业成长路漫漫。我会一直秉承工作室认真、细致的课堂设计要求，坚持每学期至少上一节校级以上示范公开课，与科组老师、徒弟们一起磨课、研课。

二、教育中教育本质问题的思考与教育渗透

“世界很大，我想带孩子们去看看。”曾记得，这是我们的工作室“男神”赵刚校长给我们的第一场讲座，让我印象深刻。

工作室主持人黄珍老师告诫我们：上课绝对不是为了上而上，而是要思考，通过我们的课堂，要告诉孩子们一个什么道理，还是要教会孩子们哪项技能。

在加入工作室之前，这是我在备课的时候欠缺考虑的问题。从教至今近15个年头了，在工作室的这三年，充实的学习与跟岗活动才让我沉下心来思考“教育的本质问题”：我到底要在课堂上传递给孩子一个什么做人的道理？还是通过课堂让孩子了解一个什么样的世界？抑或是教会孩子一项什么生存的技能？

三年的工作室学习，也让我凝练出了自己的教学风格：有思想的“趣”；有审美的“真”；有常态的“实”。

三、学会如何策划组织英语专业教研活动

参加工作室之前，我们都是匆匆赶往一个地点参加教研活动的其中一员。加入了黄珍老师的工作室，我才知道，朴实能干的黄珍老师经常为了我们能听到一场高质量的讲座或者能得到更好的磨课锻炼，忙前跑后，为我们做了多少铺垫工作。

逐渐成长起来的我们了解了活动背后策划者的艰辛：从拟定活动台账、邀请与会专家、编辑活动会议通知，到会场布置、迎宾路线、主持串场、摄影摄像、报道等问题，都需要有人分担解决。黄老师工作的细致、考虑问题的周到程度等，无不让我佩服。在各个击破的问题的同时，一名有担当的老师也正在慢慢长成。

现今，如果再抛给我一个活动学校联合教研任务，我相信，我不再是昔日那个懵懂的孩子。三年的历练，给了我足够的底气。我一定会尽力而为之。

四、一路的艰辛，成就了累累硕果

三年来，感恩身边给予帮助的导师、同事们。在教育教学上的努力与艰辛，也一直被领导、朋友们看在眼里。他们亦给了我充分的肯定，并把至高的奖项留给了我：2019年5月30日，我参加区现场命题比赛，荣获香洲区二等奖；2019年，我被推选为年度珠海市香洲区教育系统 “师德先进个人”；2022年，我荣获珠海市 “师德标兵”光荣称号。2019—2020学年度第二学期，学校将2019—2020 学年度学校“最具贡献奖”颁发给我；2009年年度考核为“优秀”；2020年12月，我的录像课荣获珠海市2020年中小学优质录像课评比二等奖。

三年期间，主持人黄珍老师不停地勉励我们，不要当“教书匠”，要努力成为“研究型教师”。三年来，我完成了自己的课题研究任务。

2019年12月17日，由我主持的省级小课题“利用思维导图辅助小学英语Story课堂教学的行动研究”顺利结题；工作室的学习，让我成为“研究型教师”中的一员。课题研究之路，吾将上下而求索。

五、专业辐射

作为广东省名教师工作室的一名正式学员，三年来，我们自己成长还远远不够，应该带动周边兄弟院校的同仁一齐进步，我们应该把所学的专业教育教学技能传播到边远的地方去，为实现“均衡教育”出一份力。

近两年来，虽然受疫情影响，我们没有聚会碰面，但是我们利用信息技术大时代的科技力量经常开展线上教学研讨。黄珍老师和赵刚校长还在百忙之中抽空亲自听课、磨课、评课，为提升斗门区英语教师的教育教学水平而努力着。

三年来，我努力“让专业成为我自己喜爱的事情，让课堂成为学生‘最有趣’的校园阵地”。我也有幸成为学校“十大最美教师”之一。我带领的团队“珠海市香洲区第三小学英语科组”虽然人数不多，但大家团结协作，对工作全力以赴。

在“听故事，说成长；话经历，阅人生；谈健康，促发展”的珍和工作室中，我不仅收获了专业教育教学技能，还面对面认识了许多大咖。三年的研修学习时间，带着不舍即将画上圆满的句号，但我知道，我们“珍和”这一大家子永远都在！感谢最美好的遇见！

积极参与，遇见美好

珠海市金湾区三灶镇中心小学　张彩玉

很荣幸成为广东省黄珍名师工作室的一员，有了许多学习的机会。这几年时间，在黄珍老师的精心安排下，我参与活动、收获成长。

一、遇见灵动、丰盈的课堂教学

跟岗期间，听了不少英语课。李玲老师的《功夫熊猫》主线、晓红老师的“亚健康话题”、晓霞老师的“健康与Good Mood 息息相关”、翠英老师谈论自己生日等，从他们的课堂上我感受到了浓浓的生活气息、现代气息。课堂上孩子们不断地进行着各种情感的体验，感知着外面的世界，了解着自己和他人。孩子们的脸上有惊喜、有期待、有好奇……把生活这一泓清泉引入课堂后，教学变得格外灵动。

这些课堂一次次告诉我：语言既是目标，更应该是一种工具。除了交流，课堂上提供给学生阅读的大大小小的语篇，应该为孩子们的认知服务、探索世界服务，以提升素养为本，而不是以知识、阅读技能为本。除了英文学习，还应关注价值观培养，关注图文信息，以内容和情感为双主线，从全面培养孩子综合能力的角度去考虑，让英文从一系列的活动中习得。学了文本后，要跳出文本，结合自身实际进行联想，与客观世界对话，促进其深度思考。不仅仅“Read the word ”，更“ Read the world”。在备课时，要努力寻找语言目标与生活的最佳结合点，用英语去谈论、体验有趣的生活、多彩世界，让孩子在我们的课堂上学会做人、学会做事。

这些课也告诉我：为师者要让自己的生活丰富多彩，多看、多听、多参与，才能为教学提供源头活水。李玲老师关注过优质动画片和优质绘本，晓红老师关注新闻……所以课堂上可以信手拈来，为我所用。闭目塞听的老师除了干巴巴讲解教材和反复机械练习主要句型，无法创造鲜活的课堂。

二、遇见实在、实效的教研活动

我们都来自各个学校、各个区的教研组，上课与指导、观察与思考、研究与表达、组织与协调是我们的职责，而我们很多人把收集资料、摆拍照片当作了主要工作。教研活动应该是有思考、有价值、有成长的。在讲座中李华教授曾语重心长地教导我们要“小题大做、小题实做、小题真做、小题长做”；周博士从我们自身的课题出发，手把手地进行指导，他告诉我们“要去自我化，要客观，以案例、数据说话。‘我认为’价值不大”……这些话语都带给我许多启示。它使我在课题研究的道路上走得更坚定、从容。

三、遇见最美的教育

省名师工作室主持人黄珍老师在讲座中告诉我们：教育者要去发现每一位学生的禀赋、兴趣、爱好和特长，为他们的表现和发展提供充分的条件和正确的引导。她和我们分享了美国之行印象深刻的一幕：许多学校展示的不是最好的作品，所有孩子的作品都会得到重视。心中感慨万分：我们只表扬做得好的，他们更鼓励积极参与的，只要参与、付出努力、用心了，就值得肯定。

四、遇见睿智的生活指导

香洲区实验学校张锦荣校长告诉我有自己的目标很重要。张校长在讲座伊始说第四届世界教育博览会（以下简称“教博会”）这几天在珠海举行，他一直忙着，很遗憾，暂时还没空去……刚听到这些，我有点难理解，如此盛事一睹为快是人之常情，张校长怎么不太一样。讲座一直听下去，我明白了，张校长有自己的目标，他一直在按自己的计划做着许多的事。到实验学校短短两个月的时间里，全校师生进行问卷，了解情况，与各年龄段老师10个10个一组地开会，抓路队、抓礼仪……一直马不停蹄，有了想法，实践、实践、实践。教博会是会去的，但需在不影响自己目标的前提下，在完成自己阶段任务的前提下。不被生活牵着鼻子走，真好。我在教导处的日子，每天会收到各部门发下来的文件，安排教师培训、参加会议、继续教育学时导入等，经常发现处理完这一项项后，我的时间也没了，这一天下来，没有获得感，第二天继续着。后来慢慢地发现按自己的想法做事能带来快乐，创造性地工作能带来快乐，于是积极地去计划，更主动地去做事。听着张校的讲座，看着他做的一件又一件实事，我思路更清晰了。永远要知道自己的工作重点是什么，不能被今天一份文件、明天一个任务牵着鼻子走。订下一个长期计划，把计划分解到每天，每天要完成的任务是重中之重，把它坚持下去，每天就有成就感，目标也指日可期。香洲三小特级教师曹靓校长用“目标强制排序法”也告诉我同一个人生道理：“找到最重要的事，在各种事务有冲突的情况下，葆有初心，就能达到目标。”一定要挑选出最重要的事。每天要事优先，要事坚持。

周红领校长的讲座让我明白了要计划性阅读。周校长给自己定的目标是每年45本，即使很忙也没停止过，至今读了700多本。每年45本！我清楚读书的意义，为了保证看书时间，我不愿开车也没选择拼车，一直坐公交上下班，这可以保证自己雷打不动的阅读时间。就是在听讲座的今天，我的手提包里也放着一本书。惭愧的是，这本书已好多天没翻。太忙了，这段时间一上车就想打瞌睡，所以这本书很久都没看完。“你有他忙吗？他一直坚持读书”，很清楚老师们心里是怎样想的，周校长出示了习近平总书记的一张图片，也罗列了他读过的许多书。周校长的讲座像及时雨，点醒了我，也帮我解开了一个困惑。归根结底还是不够重视，认为有时间就看，实在没时间就算了。应该像周校长一样，计划着看书，定个目标，给自己下任务，每个月完成多少本，然后把每次看的书名都记录下来。这样做有几个好处：一是看书变成了任务，容易坚持；二是每月只是看几本，在书本的选择上会更慎重，会挑更有价值的书，而不像以往，凭兴趣，拿起就看；三是记下书名，看得到自己的积累和努力，也能提升幸福感。

遇见智者，与教育更亲近，这是最好的安排，最美的相遇。我将把学习思考所得落实于行动中，关注孩子们的生命成长，与孩子们一起追梦于广阔而绚烂的天空下。

幸遇珍和：追寻专业幸福感

珠海市香山学校 高晓霞

人分为三种，分别是拒绝机会的人、等待机会的人、创造机会的人。创造机会的人，会积极主动争取一切机会让自己成长。等待机会的人，默不作声，当别人给他机会的时候，他也会认真地去完成。而拒绝机会的人就是，在别人给他机会的时候他拒绝。而我恰巧属于等待机会的人，时至今日，我能够加入珍和工作室，能够由一个懵懂的青年教师，尝到追求教师专业成长的甜头，完全是因为老天的眷顾，等到了这个看得起我、愿意给我机会的人——黄珍老师。

在2018年正式加入工作室之前，早在2016年3月认识黄老师以来，黄老师一直带着我参加各种培训，听课、听讲座，从上示范课、做讲座、写学习反思、感悟以及报道等方方面面给我锻炼的平台。每学年的个人总结以及证书积累，工作室给予的机会要占很大分量。我珍惜每一次机会，也很愿意听黄老师的话，几年下来，也跟黄老师形成了真诚信任的亦师亦友的美好情谊。

而这次以学员的身份参加工作室的每一项活动，我得到的锻炼更加深入，尤其是有机会参加很多省级的培训，与名师们同行，学习的脚步遍及江苏、浙江、上海，让我打开眼界，这是我之前从未体验过的幸福感，如果不是在珍和，也许很难得有这样的机会。在一个正适合拼搏的年纪，看见一群群优秀的人走出了一条条专业发展的康庄大道，我也很羡慕，我感受到了专业发展带给人生幸福的成就感。本来没有人生规划的我，开始意识到我职业生涯的主线就是要让自己在专业上做得更加优秀。

人生没有几个20年，前20年一直在读书，正在经历的第二个20年就是在自己平凡的教学岗位上兢兢业业地付出，等到自己磨炼得更加优秀了就是让更多的人因为我而感到幸福。这种感觉来得越来越真切了，而不是停留在口头上。当我有这样的想法时，我不再抱怨工作中的困难和挑战，而是默默地去克服。对待学生更加有耐心和有爱心。我想这是我加入工作室以来心态上的改变。

此外，工作室还有很多优秀的伙伴，他们都是我方方面面学习的榜样，在我懒惰的时刻，在我想放弃机会的时候，是他们鼓励我去抓住机会，慢慢改掉等待机会的性格，变得更加积极主动，也让我更加充实，更充满勇气去接受挑战。日积月累，这些内在思想的变化就外显为我的一些行动。

比如开始积极地写德育论文，《教育本有法，惟美润童心》获区级三等奖。五年级下册Unit3 On Vacation获香洲区一师一优课区二等奖；参加香洲区小学教师命题能力比赛获一等奖；香洲区教师技能大赛区三等奖；申请了一个省级小学英语课中培养发散性思维的研究课题；还参与了2个课题。承担了3次公开课；做了一次《且行且思且成长》讲座；参与了两次送教活动，将六年级下册Unit4 Feeling excited复习课例送教到香洲区杨匏安纪念学校，将六年级上册Unit5 Let’s read and write送教到云浮市郁南县连滩镇中心小学。

我也积极地进行了专业论文投稿，虽然最后没有被选中，但是为之尝试和付出的心态也打动了自己，知道了自己的不足。虽然这些成绩的取得看起来似乎依然微不足道，假如不加入工作室，也许为零。我相信有了这样的基础，我明年一定会做得更好。

自加入工作室以来我参加了近20次的教研活动和培训，我积极地承担工作室的宣传工作，撰写报道，发表在公众号上，个人也完成了十几篇的跟岗日志以及学习感悟和反思。带好两名徒弟，发挥引领示范作用。在主持人的带领下，积极参加每一项活动，认真完成工作室的培养目标。在此基础上，继续对标，不断提升自己，体验成长的幸福。

名师领航，同行助力，收获成长

斗门区井岸镇第二小学　黄海珍

2018是一个吉祥的数字，3月的春风温暖人心。一个振奋人心的消息是我非常有幸成为广东省黄珍名师工作室的一名学员。时光飞逝，转眼已有一年多。回想起在工作室的点点滴滴，令人难以忘怀。在学习中、工作中、相处中，我感受到了名师的深厚底蕴，热心教育的人格魅力；感受到了工作室伙伴们孜孜不倦、勤于学习、勇于实践的精神；感受到了工作室给予我的指引、帮助和爱护。虽然学习有过困惑，工作有过艰辛，但更多的是体会到了交流的喜悦、收获的快乐和成长的蜕变。

图2–1

一、名师领航、魅力课堂

加入珍和工作室，让我有更多的机会与大咖、专家、名师面对面交流学习，感觉收获良多。在黄珍导师的安排下，工作室邀请了知名专家、工作室顾问、名师等，开展了多项专题讲座。特别喜欢香洲二十一小周红领校长的讲座《让学生的学习暖暖的……》，周校长睿智、和蔼、细心和严谨，他给我们分享了一个个简单而又富有哲理的故事，并用一句话“让读书和修德成为每天的必需”与我们共勉！听了周校的讲座，我对自己不够勤奋读书有点惭愧，对修身修德也有点不足。我暗下决心，要力求每个周期完成两本书的阅读，并严谨自己的师德、品德，让读书修德成为习惯。特别欣赏珍和工作室顾问周树奇教授的《如何开展课题研究》《如何写好教学论文》，在讲座开始，周教授还细心地为我们每一位学员的论文进行点评和指导，让我们茅塞顿开，醍醐灌顶。周教授就课题研究做了深入的讲解和分析，他的讲座简明扼要，精辟独到，我们感觉如拨开云雾，豁然开朗。特别敬仰张锦荣教授关于学校管理的讲座《改变，可以看见》，张教授为人幽默风趣，语言简单朴实，用人文的思维、精细化的管理让学校一天天在发展，师生一天天在改变，讲座非常接地气，有内涵、有实效，对我的管理能力、业务能力有了很大的提升。

二、同伴助力，共同成长

工作室的成员来自各个不同的地区和学校，特别是有两位阳江的学员。区域的不同并没有妨碍我们的学习交流，反而思想上大家有更多的话题和碰撞。每个学员要上汇报课和展示课，大家都齐心协力，一起交流探讨。围绕工作室的主要研究方向“单元主题复习课”，学员们一起备课、说课、观课、议课等，无数次的修改、交流、讨论，再修改，力求将每一节课上到极致。每一次的研课、听课、反思对我来说都是一次成长、一次历练、一次提升。我们的大师兄赵刚的主题复习课What do you like? 用了大量的歌曲、文本激发了学生的兴趣，二年级的学生词汇量大，领悟力强，让我们赞叹不已。李翠英、杨洁的两节同课异构单元主题复习课，采用大量的文本、思维导图、微视频等，展现了学生的口语水平、交际力、创造力，精彩无限，源源不绝。我从中得到了很大的启发，在承担市级的小初衔接单元主题复习课时，在工作室小伙伴们的助力下，我改变了以往常用的教学模式，采用文本听说领先，模仿跟上，仿写在后的方法，利用美国之旅经历、学生剪影回放、思维导图框架帮助学生完成了个人的文本创作。我感谢伙伴们的创意点子，感恩伙伴们的畅所欲言，感激伙伴们的助力支持，让我感悟良多，受益匪浅。

三、收获成长，走向成功

在名师的引领下、在同伴的互助下，我每天收获一点点，离自己的目标越来越近，个人专业成长越来越快。通过黄珍导师给我们购买的书籍，我阅读了不少好书，边读边思，开阔了自己的眼界视野，丰富了自己的教育理念，提升了自己的专业知识和素养。通过同伴间的观课、议课，我会更精心、细心地准备每一节课，做好课前准备，力求课达到情境性强、知识性强、趣味性强、有效性强。通过一次次的学习机会和培训活动，将黄珍名师工作室的精神传递，将黄珍导师敬业、乐业、无私奉献的精神传递，将黄珍导师的工作经验、教学方法、教学研究传递，在不断的学习中收获成长，走向成功。

"一花独放不是春，百花齐放春满园。"相信在黄珍导师的引领下、在同伴的互助下，我会慢慢成长，绽放光彩，我们的团队也会不断发展，开拓进取，收获未来。

不忘初心，砥砺前行

阳江职业技术学院附属实验学校　黄俏华

2018年，在教学中有点职业倦怠的我，带着"学习经验，提升自我"的初心，有幸加入了广东省黄珍名师工作室。在工作室主持人黄珍老师细心的专业指导下，在工作室成员之间的交流、研讨和帮助下，我反思课堂，研读专业书籍和撰写教学论文，专业理论水平和教学能力都得到明显提升。回首这一年，我感觉既忙碌又充实，感受颇深，收获也颇多。下面就从以下几点谈谈我的感受。

一、搭建立体化平台，探索教师专业成长之路

工作室创建了自己的微信群和QQ群，工作室学员及时上传理论学习资料、活动通讯稿等，并时常在群里讨论、交流、学习。我经常通过QQ群和微信群这两个平台和其他老师交流、探讨教育教学方面的经验。在这里我可以不受时间和空间的限制，向导师和学员们学习、请教。网络拉近了我们之间的距离，他们的教育理念时刻激励着我，思想在一点点地发生着变化，灵

魂深处总有股沸腾的潮流在涌动着。让我在实践中研究，在研究中成长。

二、专家引领，在培训中提升更新理念；分享交流，便于拓宽学习视野

“他山之石，可以攻玉。”在参加培训学习的这段时间里，结识了优秀的同行，他们拥有丰富的教学经验。我们在培训中交流探讨教育教学中的问题和感悟，让我的思维得到碰撞，视野得到开阔。

学员香洲区实验学校的邱晓红老师和珠海市香山学校高晓霞老师为我们分享交流“同课同构”一节五年级的复习课Seasons。课堂容量之庞大，学生获得感之丰满，两位老师配合之默契，无不体现着“同课同构”之优势。也让我看到了我们之间的差距。

三、反思及努力方向

一年来，我过得充实而快乐，每一次工作室的研讨活动都给自己带来诸多的思考与收获，我觉得进步不小，但是也存在着不足，离工作室的其他老师还有一定的差距。知道了差距，也就明白了自己的努力方向：一是要加强学习意识，常看书、常动笔；二是要不断提升课堂教学能力，提高课堂教学实效；三是要强化科研意识，积极开展小课题研修，以科研研修促质量提升。

今后，我会始终不忘在工作室中“学习经验，提升自我”的初心，牢记自己教书育人的使命，克服各种困难，砥砺前行，更加积极地参与到工作室活动中。

更新理念，努力前行

阳春市春城街道第一小学　黄壬贵

我自2018年8月加入广东省黄珍名师工作室以来，感谢工作室为我们搭

建的各种平台，帮助我们快速成长；感谢工作室学员们平时对我的关心、帮助和指导；感谢黄珍老师为我们工作室默默的付出。进入工作室后，我一直在更新理念，努力前行。我有以下几点成长感悟。

一、在读书中提高自身觉悟

我相信每一位不断学习的老师都是优秀的，教学能力与广博的知识是分不开的。进入工作室以来，两次聆听了香洲区第二十一小周红领校长关于读书的讲座，让我这个平时极少看书的老师，第二天即去书店购买了十多本关于教育教学的书籍，每天至少抽出一小时来看书，书看得越多越发觉自己需要学习，同时工作室也给我们学员购买了一批书籍。经过不断学习，我们的觉悟得到了提高，我们的理念也不断地更新。

二、在工作室每次教研活动中更新教育理念

首先，听课是提高自身教学能力的一个好办法。我们工作室每个老师都很优秀，每个人都有自己独到的教学风格。只有多听课、多做笔记和多总结，才能不断积累经验，并运用到自己的教学中。一年下来，我听完了我们工作室所有学员的课例，从中学到了很多教学方法和技巧，还在研讨中更新了教学理念。

其次，工作室让我们有机会听到很多专家的报告和讲座。这些都是他人优秀的成果，值得我学习和反思。例如广州开班中，我感悟到“明师”的含义，即为何教，教什么，怎么教。又如在东莞名思教研活动中，我明白了那些英语名师的课堂都是为学生搭建更好的舞台，在课堂中让学生绽放。

三、在实践中提升自己的教学能力

教学能力的提高离不开实践，教师能力既要在学习中提高，更要在实践中反思。教育教学活动是最基本的实践活动，教师的许多教学和管理能力都是在实践中通过自己的磨炼而逐步形成的。而在这个锻炼的过程中，我们除了要勤奋、充满热情、积极备课、认真上课之外，还要及时总结经验，不断反思。每节课后我们可以从教材的解读与设计、教法与学法的选择、课堂细节的处理等层面去反思，及时总结好的做法，记录遗憾，及时改进。只有

这样，我们的教学能力才能逐步提高。郁南县送教下乡活动给了我很大的自信，一个十分钟的微型讲座让我明白了教学中必须学会梳理知识。2018年12月18日，工作室走进阳春市圭岗学校开展了研讨活动，活动中我懂得了只有备学生的课堂才是灵动的课堂。2019年3月8日，工作室带着自己创设的"利用简易思维导图梳理文本"这样的教学思路，走进了阳春市春城街道第四小学开展研讨活动，得到了很多宝贵的意见。2019年11月29日，工作室走进阳春市兴华小学进行送教，第一次有机会在全市老师面前展示这一年来的学习成果，站上讲台，我多了一份自信，因为我背后有一个工作团队的支持。

进入工作室后，我们一起分享教学中的乐趣，发现困惑，解决难题。特别是黄珍老师，总是毫无保留地分享她的经验，启发我们的思路，促进我们的发展。感恩携手同行的工作室所有人员，感恩一路上引领我们前行的同行！

携手同行，感恩遇见

珠海高新区金鼎第一小学　李翠英

2018年，我非常有幸加入了广东省黄珍名师工作室并成为一员。工作室的研修为期三年。在这三年里，我们跟随黄老师的脚步，见证了她的魅力，黄老师为我们搭建平台，让我们有机会参加各种活动，通过各种活动，开阔了眼界，成长了不少。

黄老师是个严格却又温暖的人，她对待工作细致严格，尽心尽力，常常为了工作加班到深夜。黄老师平时的工作已经非常繁重，她对待上级部门分配下来的工作，从来都是任劳任怨，尽最大努力做到最好，她给我们树立了榜样。在工作上黄老师对我们要求严格，我们制作的简报美篇，黄老师检查细致，连一张照片一个标点都不放过。生活上对我们却关爱有加，黄老师温暖地关心我们每个人。记得2018年11月，当时俏华有孕在身，她从阳江赶来珠海参加研修活动，黄老师对她关怀备至，亲自跑上跑下地为她安排酒店以及给她接送人员，给予她贴心的关怀。

黄老师为我们创建各种平台和创造各种机会让我们学习提升自己。带我们外出广州聆听专家学者的报告，让我们提升理论水平和开阔视野。2019年4月带我们外出东莞听课学习。在珠海，黄老师多次请来教授、专家、校长给我们做报告。在珠海，黄老师还组织了我们工作室的成员相互到各学校进行教学研讨，每一次活动，黄老师都会和我们一起探讨研究更优化、更高效的课堂，黄老师带领我们在专业的道路上一路前行，三年下来，我们每位学员都得到了很多锻炼，不管是理论水平还是教学水平都得到很大的提升。黄老师在专业上和做人方面都给我们树立了很好的榜样。

对于我个人来说，这三年也是我进步成长最快的三年。不管是理论素养上，还是教学实战中，我都取得了不小的进步，这离不开黄老师的精心指导。我从黄老师身上学到了精益求精、任劳任怨的工作态度，学到了她尊敬前辈、爱护学员的做人态度，学到了她优雅精致、智慧从容的生活态度。这三年，我们组员之间联系紧密、互相探讨、共同提高，我们在业务能力上得到了提升，我们在相互关心帮助中升华了友谊。这三年是充实的三年，是难忘的三年，是珍贵的三年。这是我们人生中美好旅程，也将成为我们的美好回忆。

感恩遇见，珍心相处

珠海市金湾区第一小学　李 凤

那一天，我怀着热切期待的心情走进珠海市香洲区第二十一小学，这里有广东省黄珍名师工作室，这里是黄珍导师所在的学校。

从此，我们就因为优秀而相遇，开始了弥足珍贵的研修之旅！

我们遇见了香洲区第二十一小学周红领校长。周红领校长满面笑容，温暖慈祥地从中医角度给我们分析他的教育主张：人们常吃冷的食物伤身体、伤脾胃。同理得出，学生长期吃“冰冷”的知识，也会消化不良的，无法获取学习的动力。我们要想方设法把学习变得暖暖的，让学生暖暖地学习。一张学校（笑）优点卡，一个“沉浮子”实验，一位老奶奶不断学习的故事，周校长用他那暖暖的笑容和暖暖的故事，阐述着教育的温度。

我们遇见了北京师范大学珠海分校教育学院王建成教授。我们认识到新时代理解学生、理解学习对教师专业发展的意义，以及在人类社会进入人工智能化全球化的新时代里学生的发展需求和学习方式的变化。我们要理解学生学习的新内涵，选择最适合学生学习的知识，合理关注学生群体和个体的学习特点与个性需求，更新教育教学方法与技术，与学生进行有效的互动，才能引导、辅助学生进行深度学习，提升学生的认知水平，从而促进教师专业发展，体现教师的真正价值。

我们遇见了亦师亦友的周树奇老师，北京师范大学教育学院博士，广东省黄珍名师工作室科研顾问。还记得第一次相遇是在培训时，周博士认真审读每一位学员的论文和课题，从题目的表述，文体格式的规范……细致耐心地点评指导，并提出精准改进建议。在接下来的三年研修活动中，周树奇博士更是如挚友般地为我们解决在课题研究、论文撰写等方面遇到的难题。科研路上，感恩遇见你！

我们遇见了广东省黄珍名师工作室，我们遇见了“珍心真意”的黄珍导师！身体力行，事事亲临，无微不至，黄珍老师设置了丰富多样的研修课程，做好细致暖心的活动安排，她用“珍心真意”感染着我们每一位学员。

加入广东省黄珍名师工作室，我们遇见了“珍和”，我们遇见了正能量满满的一个团队。我们一起分享教学中的困惑，一起解决教学中的难题。黄珍导师毫无保留地分享她的成长经历和成功经验，提升了我们的成长目标，开阔了我们的教育视野，提升了我们的教学理论，促进了我们的专业发展。

感恩遇见，真心相处。珍惜相知的情谊，珍藏互勉的点滴！

第三章

珍和实践

学员单元主题复习课“教—学—评”一体化教学设计

粤人教版五年级上册Unit4 School Things 单元主题复习课“教—学—评”一体化教学设计

珠海市香山学校 高晓霞

粤人教版五年级上册Unit4 School Things单元主题复习课“教—学—评”一体化教学设计单元整体情况如下。

一、单元主题：School Things

该主题属于人与自我、人与社会范畴，涉及“了解自己和他人拥有的文具”“妥善管理自己的物品”。

二、单元主题分析

语篇一是课堂上的简单对话。教师要求学生给图片涂色，Gogo没有彩色笔，并询问Tony，Jenny 是否有彩色笔。通过语篇的学习，学生能够了解文具的功能，了解自己及他人所拥有的物品，并进行简单交流。

语篇二是小学生日常简单对话。 Gogo看见美丽的大海，喊道：“哇太美了，我想要画画。”于是就询问Tony是否有彩色笔以及画纸的对话。故事最后，Gogo用树枝在沙滩上画画。通过语篇学习，学生能够介绍自己喜欢的活动，以及完成该活动所需要的文具。

语篇三是第49页。

语篇四是bl的语音单词以及一个小韵文，呈现字母组合bl的发音规律，需要增加一些语篇，来巩固字母组合的发音规则。通过语篇的学习，增加学生对英语学习的兴趣。

语篇五是Tony，Jenny，Gogo都在忙自己的事情。Gogo在做卡片，于是问Jenny，Tony有没有彩色笔。他做了一个卡片给布莱克先生，不过他做错了卡片。本应是教师节，结果做成了生日卡。通过语篇学习，学生能够互相交流自己正在做的事情，以及做事情所需的工具。

语篇六是关于一篇邮票收集的海报。语篇介绍了关于邮票的历史及一些小故事。通过语篇的学习，学生能够了解一些邮票的知识，了解制作宣传海报所需的材料及内容，加强团队合作意识。

三、单元总体目标

单元总体目标见表3-1。

表3-1

单元教学目标	语篇
（1）能听、说、读、写、运用单词bag/map/picture/blackboard/paper/crayon/glue/短语draw a picture/pencil case/look at （2）了解字母组合bl/br的发音规律，并能熟练读出单词	P47 Vocabulary P53 Sounds and Words
能掌握用于询问对方是否有某物的句型及其回答：Do you have a/an/any...？Yes，I do. No，I don’t	P47 Target P51 Reading
能掌握用于询问某人是否有某物的句型及其回答：Does he/she have a/an/any...? Yes，he/she does. No，he/she doesn’t	P49 Activity P52 Song
能用英语介绍是否拥有某物： I have a/an/some... I don’t have a/an/any...	P46 Story

四、单元主题复习课教学设计

粤人教版五年级上册Unit4 School Things 单元主题复习课“教—学—评”一体化教学活动设计整体情况如下。

（一）语篇研读

（1）What：本单元的主体是人，介绍自己的文具，谈论完成手工作业中，有什么文具，没有什么文具。

（2）Why：通过语篇学习，学生更了解自己的文具，没有文具需要帮助时，能用英语Do you have...？向别人寻求帮助。

（3）How：语篇主要用一般现在时及现在进行时，用句型 I have... I don’t have...

（二）学情分析

（1）自然情况：学生为五年级学生，会围绕主题阅读及写简单的句子。

（2）已有基础：本单元的词汇在三年级上册时有所涉及，所以单词不难。对于核心词汇及句型都比较熟悉，对自己文具的情况也比较了解。

（3）存在不足：词汇比较缺乏，单词拼写不熟练。部分孩子只懂简单的仿写。第三人称单数的动词及句子认识及使用都比较模糊。

（三）教学目标

通过本课时的学习，学生能够掌握以下目标。

（1）能理解文具类名词的单复数及不可数名词。（学习理解）

（2）能正确应用文具类名词的单复数及不可数名词，能结合句型交流所拥有或没有的文具。（应用实践）

（3）能够结合实际情况讨论自己或同伴的文具，并且能参照语言框架写出简单的句子。（迁移创新）

（4）完成本课时目标所需的核心语言如下。

核心词汇：bag，map，pencil case，picture，blackboard，paper，crayons，glue，any，some.

核心句型：I have...I don’t have...

He/She has...He/She doesn’t have...

（四）教学过程

教学过程概述见表3–2。

表3–2

教学目标	教学步骤	学习活动	效果评价
复习并热身	Step1. Free talk Let's chant. 复习sounds。 br_, br_, brother. I have a brother. br_, br_, bread. He likes bread. br_, br_, brown. The bread is brown. bl_, bl_, blue. He likes blue. bl_, bl_, blackboard. He has a blackboard. bl_, bl_, black. The blackboard's black. 由书中的chant，引入blackboard，Where is the blackboard? Oh, it's in the classroom. What's in the classroom? S1. There is a... S2. There are... a bag/a pencil case/a picture/ some paper/some crayons/some glue. Let's read aloud together. Classify the words： Countable nouns and uncountable nouns. bag–bags，a map–maps，paper... Read the words and play a game. Fast eyes	在一个完整意义的情境中复习语音单词、句子。复习旧知有关school things的单词，同时复习There be 句型	学生是否能流利大声地chant出来
设计意图：通过单词及句子的复习，为下面的写作做准备			
主题探讨及句子练习，进行易错单词及句子的总结	Step2. Practice 由bag过渡到Miss Gao's schoolbag. What's in the bag? Can you guess like this? 引导学生问Do you have a/ an/any...? Yes，I do. No，I don't. Does he/she have...? Yes，he / she does. No，he/she doesn't. What does ...have? He/She has...	复习操练单词，Do you have a/an/ any...? Yes，I do. No，I don't	学生能否询问或回答同伴的信息，词语或句子是否规范使用。第三人称单数或者some，any的用法

续表

<table>
<tr><th>教学目标</th><th>教学步骤</th><th>学习活动</th><th>效果评价</th></tr>
<tr><td>主题探讨及句子练习，进行易错单词及句子的总结</td><td>But he/she doesn't...
1. Do you like your school things? They are useful in our study.
2. What about Gogo and Tony? What do they have? Let's listen and tick.
<table><tr><th>Name \ School things</th><th>crayons</th><th>paper</th><th>glue</th><th>pictures</th><th>pens</th><th>scissors</th></tr><tr><td>Tony</td><td></td><td></td><td></td><td></td><td>✓</td><td></td></tr><tr><td>Jenny</td><td></td><td></td><td></td><td>✓</td><td></td><td></td></tr><tr><td>Mr. and Mrs. Green</td><td></td><td></td><td>✓</td><td></td><td></td><td></td></tr><tr><td>Gogo</td><td></td><td>✓</td><td></td><td></td><td></td><td></td></tr><tr><td>Lisa</td><td>✓</td><td></td><td></td><td></td><td></td><td></td></tr></table>
What does he/she...have?
He/She has...
But he/she doesn't...
3. 读前发散思维
How about the ancient people in the old time? Let's have a time-travel. How about the people in the old time? What does he have? Does he have...? How about them? What do they have? Do they have...?
4. Do they have a classroom like this? How about them? They are my students. They have the most beautiful class in our school. Let's have a look. Fill in the blanks with some and any. What do they have? They have...</td><td></td><td></td></tr>
<tr><td></td><td>Step3. Reading</td><td>Watch the video, listen and guess. Does he have...?</td><td>学生是否能完成相应的练习，能否正确书写及是否理解文章的意思</td></tr>
</table>

教学目标	教学步骤	学习活动	效果评价
主题探讨及句子练习，进行易错单词及句子的总结	Step4. Writing读写结合 Hello，my name is Sam. I am 10 years old. I have a school bag. In my school bag，I have some books and a pencil case. In my pencil case，I have some pens，pencils and some erasers. But I don't have any rulers，crayons and glue. I don't have any paper，either. These are all my school things	学生结合自己的实际情况，描写自己及同伴拥有（或没有）的文具	能否参照所给的句子，用核心词汇及句子简单描述自己或同伴的文具
设计意图：学生通过写前、写中、写后的活动，参照语言框架，进行仿写或自由写作，结合实际，运用核心语言，进行语言输出			
写作及写作后的评价及反馈	Step5. 1. Give the feedback of some students' writing. 2. Some points should be noted in the writing	学生参照点评，修改文章，规范句子表达	学生能否正确运用名词单复数、第三人称单数的动词进行表达
	Step6. Summary do–does don't–doesn't have–has		
设计意图：本阶段学习帮助学生在迁移语境中，发展语言运用能力。学生参照作文点评，修改文章，规范句子表达			

（五）作业设计

（1）基础性作业：Write the school things you or your partners have or don't have.

（2）拓展性作业：Make a video about your school things and share it with your classmates.

（六）板书设计

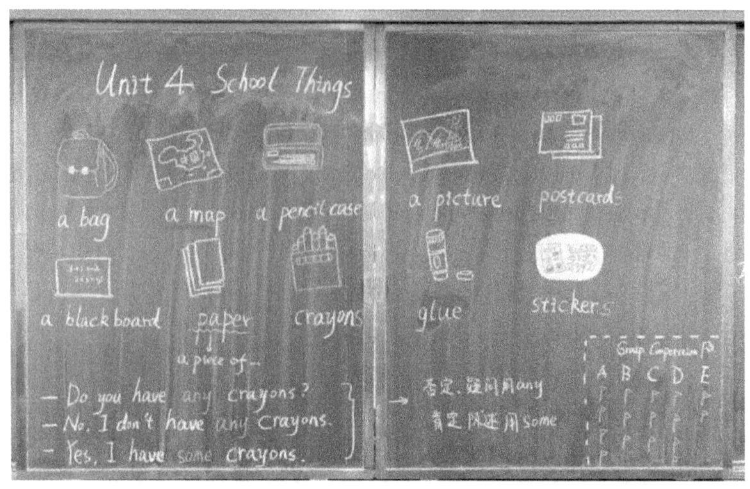

粤人教版六年级上册Book7 Unit4单元主题复习课教学反思见表3-3。

表3-3

<table>
<tr><td>执教者</td><td>高晓霞</td><td>学校</td><td>珠海市香山学校</td></tr>
<tr><td>课型</td><td>单元主题复习课</td><td>教材版本</td><td>粤人教版 Book7 Unit4</td></tr>
<tr><td colspan="4">教学资源利用：
我利用歌曲chant复习语音单词，还联系香山学校实际，创编了一段生本教学内容，引入我的学生Sam介绍自己的学具，作为听说读写的内容</td></tr>
<tr><td colspan="4">教学策略运用：
我采用交际教学策略和任务型教学策略，开展师生，生生对话活动，让学生有更多开口说的机会</td></tr>
<tr><td colspan="4">精彩片段再现：
我创设了让学生猜What's in my bag？的情境，引导学生用Do you have...？来猜，学生很活跃，乐于开口说。另外时空穿越，回到古代，引导学生猜Do they have...？ What do they have？学生对这个话题很有兴趣，一下子打开话题</td></tr>
<tr><td colspan="4">改进与提高：
如果我再上一次，我会进行如下调整：增加小组活动的类型，将评价更加完美地融入教学内容中去</td></tr>
</table>

粤人教版六年级上册Book8 Review2
单元主题复习课“教—学—评”一体化教学设计

珠海市斗门区井岸镇第二小学　黄海珍

一、单元主题：Review2

该主题属于动词过去时态单元复习范畴，涉及动词过去时态的规则变化和不规则变化和事件描述的句型结构。

二、单元主题分析

本单元围绕长隆海洋公园游玩这一主题展开，涉及动词过去时态的运用和利用思维导图构建文本框架。

三、单元总体目标

（1）Students will be able to grasp the past tense.

（2）Students will be able to have cooperation each other.

四、单元主题复习课教学设计

（一）语篇研读

（1）What：作者在文本中描述了怎样的旅程？旅程中发生了什么事情？作者在此期间的心情有什么变化？

（2）Why：作者的心情变化是由什么产生的？作者为什么会发生这种情感变化？

（3）How：作者按照什么样的顺序描述旅程？用了什么样的词汇描述发生的事情和心情？

（二）学情分析

（1）自然情况：小学六年级的学生开始自主意识强烈，对很多事物感到好奇，具有强烈的探索欲望。

（2）已有基础：①已经基本掌握语篇的写作结构，可以完整叙述一件事情的发生经过。②掌握了部分常用动词的过去式，并能根据提示完整说出陈述句。

（3）存在不足：①对个别不规则变化的动词过去式运用不够熟悉，会出现混淆情况。②正处于逻辑思维形成的过程中，个别语句会出现逻辑问题。

（三）教学目标

通过本课时的学习，学生能够：

（1）掌握并理解动词过去式的规则变化和不规则变化；掌握事件描述的顺序和过程；掌握心情描写的词汇。（学习理解）

（2）利用思维导图对文本进行信息抓取和归纳总结；根据事件描述思路用动词过去式对自己的旅程进行写作 。（应用实践）

（3）用动词过去式描述除旅程外任何一件过去的事情；用动词过去式描述除第一人称外其他人称过去的事情。（迁移创新）

（4）完成本课时目标所需的核心语言如下：

【核心词汇】

The new words about Chimelong Ocean Park and mind map.

【核心句型】

Those days we had together. We had a wonderful trip. We went to ...

（四）教学过程

教学过程概述见表3–4。

表3–4

教学目标	教学活动	效果评价
导入	Introduce some places in Doumen，let the pupils know “trip”	
设计意图：介绍斗门的景点，引出trip话题，为下面介绍“my trip”做铺垫		
课堂展示	T shows the trip to America，then answer the questions	
设计意图：学生带着10个问题观看录像，通过听、看、记、思能顺利回答问题，此活动帮助学生有效记忆		

续 表

教学目标	教学活动	效果评价
	Read the passage about the teacher's trip	
设计意图：阅读文章，从文本中学习新的单词和句子。呈现文本，帮助学生生成最初的文本输出		
强化训练	Show some photos about "Our trip to Chimelong Ocean Park", let the students enjoy them	
设计意图：呈现大量的图片，让学生回忆上一次的旅行，帮助学生将支离破碎的回忆串联起来，为完成思维导图提供助力		
	Show a passage about "Our trip", then let the students finish the mind map	
设计意图：阅读文章，学生能在文中找到自己想要的内容，从而引发更深层的东西		
	Show the students' mind map，let them say more about the mind map	
设计意图：学生完成思维导图后，能用文本的形式表述。通过前两次文本的输入，学生能用语言阐述一篇文章，形成了自己的文本，提高了学生的口语表达能力及思维能力		
巩固提升	Guess the people in the pictures which mean the days they had together	
设计意图：呈现学生之前的相片，相片内容是他们在一起度过的时光，让学生猜猜图中的人物。本活动趣味性强，激发学生兴趣，参与面较大		
	Show more photos about the days we had together，then let the students write something about "the days we had together". Then share them each other	
设计意图：通过呈现大量的图片帮助学生回忆他们一起度过的校园生活，开展"头脑风暴"活动，学生在回看中能回忆起自己的小学生活，大量的图片为学生提供了写作的素材		
拓展延伸	Show the head teacher's article, then say something to the head teacher	
设计意图：呈现班主任的美篇，让学生回忆与老师的生活点滴，激发学生内在的情感		
情感教育	Affective education：Smile to everyone every day	
设计意图：教育学生保持乐观和开朗，微笑面对生活的每一天		

（五）作业设计

（1）基础性作业：阅读两篇关于"My Trip"主题相关文章，利用思维导图找到关键信息，进行文本总结。

（2）拓展性作业：画出自己过去的旅程的思维导图，用过去式进行

"My Trip" 主题写作。

（六）板书设计

Those days we had together

人教版PEP六年级上册Unit4 I have a pen pal 单元主题复习课"教—学—评"一体化教学设计

广东省阳春市春城街道第一小学　黄壬贵

人教版PEP六年级上册Unit4 I have a pen pal 单元主题复习课"教—学—评"一体化教学设计单元整体情况如下。

一、单元主题：I have a pen pal

该主题属于"人与自我"范畴，涉及个人爱好，结交朋友。

二、单元主题分析

本单元围绕I have a pen pal这一主题展开，主要通过介绍人物爱好的话题，学习运用核心句型和词汇得体地描述人物。在语境中理解并运用What are...'s hobbies? He/She likes...Does he/she...? Yes, he/she does. No, he/she doesn't谈论他人的爱好与个人信息。

三、单元总体目标

（1）能够在情景中运用句型What are...'s hobbies? He/She likes...Does he/she...? Yes, he/she does. No, he/she doesn't谈论他人的爱好与个人信息。

（2）能够听、说、读、写单词和词组：dancing, singing, reading stories, playing football, doing kung fu, cooks Chinese food, studies Chinese, does word puzzles, goes hiking.

（3）能够正确使用上述句型、单词和词组谈论或描述人物的兴趣爱好和日常活动，并制作一本以朋友为主题的微型书。

（4）培养通过了解对方的兴趣爱好结交朋友的意识。

四、单元主题复习课语篇和设计

Jason's pen pal

I'm Jason. I'm an English teacher. I like playing football and basketball.

I have a pen pal. Her name is Helen. She comes from America. She speaks English very well. She is an English teacher, too. She's tall. She's hard-working. She likes singing and dancing. She often sings at home.

She has a son. His name is Leo. He likes doing word puzzles and playing games. Helen loves him very much. This is my pen pal.

（一）语篇研读

（1）What：本课语篇为介绍笔友的短文，内容围绕杰森的笔友海伦展开。杰森简单介绍了自己的职业和爱好，接着从名字、国籍、职业、外貌、性格和爱好等方面介绍了自己的笔友，最后还介绍了笔友儿子的个人信息。

（2）Why：作者通过描述自己笔友的个人信息，重点介绍了兴趣爱好，培养学生通过了解对方的兴趣爱好，结交好朋友的意识。

（3）How：该文章是比较典型的介绍人物信息的短文，涉及介绍人物个人信息和兴趣爱好的词汇，如dancing, singing, reading stories, playing football, doing kung fu, studies Chinese, does word puzzles；交流时使用的

核心语言，如："What are...'s hobbies? He/She likes...Does he/she...? Yes，he/she does. No，he/she doesn't."在介绍笔友海伦和她儿子时使用了一般现在时第三人称单数形式，学生在前面的课程中已经接触并学习过该时态的第三人称单数形式。该语篇内容易于理解，具有现实意义。

（二）学情分析

（1）自然情况：①能够在情景中运用句型What are...'s hobbies? He/She likes...Does he/she...? Yes，he/she does. No，he/she doesn't谈论他人的爱好与个人信息。②学生初步掌握了描写笔友的个人信息。

（2）已有基础：①学生已经学习了一般现在时第三人称单数的形式。②学生已经会描写人物的外貌和性格。

（3）存在不足：①学生无法灵活掌握一般现在时第三人称单数形式。②学生对于语篇朗读理解能力不强。③学生写作能力偏弱，所用的句子结构出现较多错误。

（三）教学目标

通过本课时的学习，学生能够：

（1）在听、说和读的活动中，获取、梳理文章中海伦的个人信息。（学习理解）

（2）在老师的指导下，运用思维导图转述海伦的个人信息。（应用实践）

（3）根据句子和图片提示总结人物的个性。（迁移创新）

（4）选择一个关于朋友的标题进行写作训练，并观看微课视频后制作一本以朋友为主题的微型书。（迁移创新）

完成本课时目标所需的核心语言如下。

【核心词汇】

dancing，singing，reading stories，playing football，doing kung fu，studies Chinese，does word puzzles，goes hiking.

【核心句型】

What are...'s hobbies? He/She likes...

Does he/she...? Yes，he/she does. No，he/she doesn't.

（四）教学过程

教学过程概述见表3-5。

表3-5

教学目标	教学活动	效果评价
（1）在听、说和读的活动中，获取、梳理文章中海伦的个人信息。（学习理解）	（1）学生基于已有经验，在教师的启发下，对人物提出问句，如："Where is she from? Is she a teacher? What are her hobbies?" （2）学生听一遍短文，回答以下问题：Where does Helen come from? Does Helen like singing? What are Leo's hobbies? （3）学生阅读文章，核对答案，同时完成海伦的信息思维导图。 （4）学生听录音跟读短文，关注语音、语调、节奏、重读等	教师观察学生能否参与互动和交流，并根据需要给出特殊疑问词，引导学生提出问句。 教师观察学生能否回答出问题，根据学生作答给予指导。 教师根据学生完成的导图情况，发现问题，及时提供帮助。 教师根据不同能力水平的学生朗读短文的情况，给予指导或鼓励
设计意图：本阶段学习活动旨在帮助学生理解文章内容，学习如何梳理本单元的核心语言。学生在教师的指导下，通过提出问题、回答问题、阅读验证问题和完成思维导图，从大意到细节逐步理解和梳理好文章内容。学生通过跟读和朗读文章，为语言输出奠定基础		
（2）在老师的指导下，运用思维导图转述海伦的个人信息。（应用实践）	（5）在思维导图的指引下，梳理、归纳文章的核心语言，并根据思维导图，开展同伴问答活动。 参考语言： –Does Helen like singing? –Yes, she does. （6）根据思维导图向同伴转述海伦的个人信息	教师观察学生在语境中运用语言进行问答和交流的情况，根据学生的表现给予指导和反馈。 教师观察学生能否借助思维导图转述海伦的个人信息，根据学生的表现给予必要的提示和指导
设计意图：本阶段学习活动引导学生在归纳和整理核心语言的基础上，通过问答活动使每位学生运用语言理解意义。同时，利用思维导图转述海伦的个人信息，促进语言内化，从学习理解过渡到应用实践，为后面的真实表达做准备		
（3）根据句子和图片提示总结人物的个性。（迁移创新）	（7）学生在教师的指导下，就有关Helen人物的图片介绍进行分析，体会图片背后隐含的意义	教师根据学生对句子的回应和反馈，引导讨论和正确归纳

续 表

教学目标	教学活动	效果评价
（4）选择一个关于朋友的标题进行写作训练，并观看微课视频后制作一本以朋友为主题的微型书（迁移创新）	（8）学生根据教师给出的标题，选择其中一篇进行写作训练。 （9）选择其中几位同学朗读自己的作品。 （10）学习小结	教师观察学生运用所归纳的语言完成写作任务，给予鼓励和帮助。 教师观察学生向全班朗读作品的情况，评价教与学的情况
设计意图：本阶段的学习活动旨在帮助学生在迁移的语境中，创造性地运用所学的语言，开展写作训练，并向班级同学介绍自己的作品。学生从课文走向现实生活，结交朋友，了解朋友。在实际教学中，教师可以根据不同水平学生的需求，将微型书制作延后完成		

（五）作业设计

（1）基础性作业：能流利准确地朗读Jason's pen pal这篇文章。

（2）拓展性作业：完成一本以Friends为题的微型书制作。

（六）板书设计

Unit4 I have a pen pal 见表3-6。

表3-6

Titles	P1 This is me	P2 This is Jason	P3 Jason's pen pal	P4 English teacher	P5 My friend
Names		Jason	Helen		
Countries		China	America		
Jobs		teacher	teacher		
Appearance			tall		
Personalities			hard-working		
Hobbies		playing football	dancing singing		
Dreams					

人教版PEP六年级上册Book6 Unit4 I have a pen pal单元主题复习课教学反思见表3-7。

表3-7

执教者	黄壬贵	学校	阳春市春城街道第一小学
课型	单元主题复习课	教材版本	人教版PEP Book 6 Unit4
教学资源利用： 多媒体、PPT、视频、微课、思维导图、板书贴纸、微型书、故事书奖品			
教学策略运用： ①学生自主提问法。②思维导图引导法。③小组分享			
精彩片段再现： 教学中我最得意的是以下4点： （1）课件制作精美，课后很多老师表示很喜欢，值得借鉴，在课堂使用中起到非常好的效果。 （2）课堂多次出现思维导图，学生运用思维导图都能完成语篇的输出。 （3）微课的使用也很有实效，学生观看后很直观易懂。 （4）通过与学生对话和游戏等环节，最后呈现的微型书刚好给予学生应用的平台，学生根据课堂生成即可完成微型书的内容			
改进与提高： （1）如果我再上一次，我会进行如下调整：课堂要学着放开心态，从预备铃后就要学着与学生交流，因为借班上课，学生也很少在这种场合上课，双方从一开始就进入了紧张的课堂气氛，所以必须从一开始就要跟学生互动，开始说下与课堂内容有关的笑话，活跃课堂气氛。 （2）处理文本时，可以设计更多体现学生思维能力培养的练习，如描述自己笔友的爱好方面，可以设计更多的情景，让学生猜测笔友或者笔友家人的爱好。 （3）文本的主人公尽可能控制变换的次数，做到有深度、有广度，让学生体会更深刻			

粤人教版四年级下册Unit2 Our New Home 单元主题复习课“教—学—评”一体化教学设计

珠海高新区金鼎第一小学　李翠英

粤人教版四年级下册Unit2 Our New Home单元主题复习课“教—学—评”一体化教学设计单元整体情况如下。

一、单元主题：Our New Home

该主题属于“人与社会”范畴，涉及房间的功能，让学生发现美，爱家、爱生活。

二、单元主题分析

本单元围绕home这一主题展开，涉及两个语篇，几组对话。语篇一以音频的形式出现，是一篇介绍同班同学家房子的短文。里面介绍了各类房间及数量。语篇二是关于老师家房子的介绍，是用视频的方式呈现的。介绍了老师家各类房间的数量以及在各类房间里能做的常规的事情。

三、单元总体目标

（1）学生能运用所学语言与小组成员交流问答，谈论房间的名称、数量及其功能。

（2）能通过听一段关于房子的介绍，尝试画出思维导图。

（3）根据已有的思维导图，用核心句型和单词描述房子的特征。

（4）能有条理地描述自己家的房子。

四、单元主题复习课教学设计

（一）语篇研读

（1）What：本堂课为第二单元Our New Home的复习课。通过围绕同学的房子、老师的房子、自己家的房子展开。从房间的数量，房间里的摆设，各种房间的用途展开学习。

（2）Why：通过欣赏不同的房子，了解不同房间的用途，引导学生从外观上描述，思考房间的功能以及不同地点可以做不同的事情。引导学生思考房子和家的意义，体会家的温暖。

（3）How：课堂上复习到的主要句型为典型的学生日常生活对话，涉及的短语为eat dinner，watch TV，read books，do one’s homework，cook meals，take a bath，etc，涉及关于房间的单词为kitchen，dining room，living room，bedroom，bathroom，garden，核心句型为：Is there a ...？ Yes，there is . /No，there isn't. Are there ...？ Yes，there are. /No，there aren't. What's in...？ How many...are there?

（二）学情分析

（1）自然情况：四年级的学生有一些英语基础，但基础一般，词汇量较为有限。

（2）已有基础：①学生已经学完了本单元的新授内容，对单词和句型已经有一定程度的掌握。②学生曾经画过思维导图，有一定的基础。

（3）存在不足：①任教的学校为城乡接合部的学校，学生虽有一定的基础，但基础相对偏薄弱。②学生有画过思维导图，但仍有部分学生画得不太好，或者根据思维导图描述房子对学生来说并不容易。③学生的词汇量不够大和英语口头表达能力不太强。

（三）教学目标

通过本课时的学习，学生能够：

（1）在看、听、说的活动中，学会描述各房间的数量和用途。会回答典型句型Is there a ...？ Yes，there is . /No，there isn't. Are there ...？ Yes，there are. /No，there aren't. What's in ...？ How many ...are there? （学习理解）

（2）在教师的帮助下，依据思维导图描述房子。（应用实践）

（3）用思维导图画出自己家中的房子并进行描述。（迁移创新）

（4）完成本课时目标所需的核心语言如下。

【核心词汇】

living room，bedroom，dining room，bathroom，kitchen ，garden.

【核心句型】

Is there a ...？ Yes，there is . /No，there isn't. Are there ...？ Yes，there are. /No，there aren't. What's in ...？ How many ...are there?

（四）教学过程

教学过程概述见表3-8。

表3–8

教学目标	教学活动	效果评价
（1）在看、听、说的活动中，获取同学家房子的有关信息	（1）Sing a song. （2）A words game. Ps stand up and read the words related home. When they see words which doesn't relate "home", they should sit down and read. （3）Riddles.（PPT） （4）Present the outlook of one student Lu Ziheng's home. （5）Ps listen to the recording，get the information of Lu Ziheng's house and fill in the blanks. （6）A guessing game.（ Show some pictures of Lu Ziheng's house. But cover some part of the pictures. Make Ps to guess the answers.）	教师观察学生能否参与互动和交流。并根据需要调整提问的方式，进行追问或给予鼓励。 教师观察学生的完成情况，根据学生表现给予指导和反馈
设计意图：本阶段学习活动旨在了解同学家房间的个数及用途。学习和运用词汇和核心语言。小学生在教师的指导下，通过听录音，了解细节。通过进一步离家近对话内容，内化语言，为语言输出奠定基础		
（2）在教师的帮助下，尝试复述老师家的房子	（7）Watch a video.（Miss Li's house） （8）Check Ps' memory. （9）Draw a mind- map	教师观察学生能否借助板书呈现的思维导图中的语言支架进行复述，根据学生的表现给予必要的提示和指导
设计意图：本阶段学习活动引导学生在归纳和整理核心语言的基础上，通过借助思维导图，让学生有顺序有逻辑地介绍老师家的房子。促进语言内化，从学习理解到应用实践，为后面介绍自己家中的房子做准备		
（3）简要评价学生的表现	（10）Ps draw a mind map of their own house. （11）Introduce one's home according to one's mind map in groups. （12）P1 introduces his/her home in groups then in the front	教师观察学生在小组内运用所学语言描述自己家的房子，必要时提供帮助
设计意图：本阶段的学习活动旨在帮助学生在迁移的语境中，创造性地运用所学语言，描述自己家的房子。学生从课本走向现实生活，发展语用能力。从而培养对自己家的爱和情感		

（五）作业设计

（1）基础性作业：写一篇描述自己家房子的作文。

（2）拓展性作业：上网查找各类房子并进行介绍。

（六）板书设计

（七）教学反思

粤人教版四年级下册Book4 Unit2单元主题复习课教学反思见表3-9。

表3-9

执教者	李翠英	学校	珠海高新区金鼎第一小学
课型	单元主题复习课	教材版本	粤人教版 Book 4 Unit2 Our New Home
教学资源利用： 我在热身部分播放了一首歌曲，介绍学生家的房子时，录了一些音频。在介绍自己家的房子时，拍了一个小视频			
教学策略运用： 我运用小组讨论、同桌对话，在播放卢子恒家录音时让学生先想象和预测。在本堂课中多次用到思维导图			
精彩片段再现： 我在放完我家房子的视频后，让学生回顾一下，引导学生提炼关键词，我画出了一条鱼骨的思维导图			

续表

改进与提高： 如果我再上一次，我会进行如下调整。 （1）我会加进去一些知识，例如，What can you do in the...？更全面地运用短语谈论自家的房子。 （2）在我引导学生复述老师家的房子后，留少许时间让学生进行知识的内化，再请学生根据思维导图描述老师家的房子。 （3）可以再拓展思维，让学生画出理想中的房子，培养学生的想象力和创造力

粤人教版四年级下册Unit2 Our New Home单元主题复习课“教—学—评”一体化教学设计

珠海市金湾区第一小学　李　凤

粤人教版四年级下册Unit2 Our New Home单元主题复习课“教—学—评”一体化教学设计单元整体情况如下。

一、单元主题：Our New Home

该主题属于“人与自我”范畴，涉及“生活与学习”主题群中“家庭与家庭生活”的子主题内容。

二、单元主题分析

本单元围绕We love our new home这一主题展开，涉及Moving to a new home的故事对话，vocabulary and target 的核心词汇和句型，I like my new home的韵律小诗，My dream home的写作训练以及关于ar字母组合发音规则及词汇。

依据新课程标准的教学指导和教材的教学要求，本单元教材内容整合划分为3个课时进行教学：第一课时的教学重点定位在认识my home，学习房间的名称及各房间的功能活动，核心句型There is/ are... I can...in ... 第二课时的教学重点是家人对our new home的讨论，了解家人对home的需求，进而展开

dream home的畅想。第三课时则延伸dream home的讨论，通过篇章阅读进一步感受I love my home with love，提升综合阅读与写作表达的能力。

三、单元总体目标

（1）能够理解核心词汇以及核心句型，在正确的情境中运用准确的英语知识描述家庭房间的名称及家庭成员的居家活动，对梦想之家进行畅想，并进行描述，能够合理地表达自己的观点。

（2）能够积极参与课堂教学活动，提升"听、说、读、写"以及运用语言进行交际的能力，创新设计"梦想之家"，培养独立思维的能力。

（3）能够在预设问题的引导下进行思考、分析、归纳，获取关键信息，敢于表达，培养学生良好的英语表达能力，并养成良好的思维习惯。

（4）通过文本的学习，懂得关爱家人，和睦共处，形成热爱家庭的优良品质。

四、单元主题复习课教学设计

（一）语篇研读

（1）What：本课语篇为家庭的日常对话，内容围绕搬新家前，家庭成员对新家的不同期待。Dad宣布了"准备搬新家"的好消息，孩子们从"对新家的要求"出发向Dad咨询了解新家的情况"Is there...？"在对话的过程中，了解到不同的人对新家的要求是不一样的。Gogo的创新想法引发了大家对dream home的想象。

（2）Why：作者通过描述Tony，Jenny和 Gogo为了解新家情况的提问以及获得回复的反应，帮助学生了解各个房间的功能以及家庭成员在家常做的活动，引导学生关爱家人，畅想"Dream Home"。

（3）How：该对话是比较典型的家庭日常生活对话，涉及介绍家庭房间名称的词汇，如bedroom，dining room，living room，bathroom，garden等。讨论新家的核心句型为"Is there...in our new home？"询问的同时反映了个人的生活习惯，如：Jenny likes reading . 她就关心是否拥有独立的空间a bedroom for everyone. Gogo likes animals. 他就想知道新家是否有动物园。Gogo对新家天马行空的要求，引发了大家对"Dream Home"的畅想。

（二）学情分析

（1）自然情况：①四年级学生对英语学习感兴趣，能够并愿意尝试运用所学英语表达自己的想法。②学生积累了一定的语言基础知识，具备一定的英语听说读写能力以及逻辑思维能力。

（2）已有基础：①三年级下册Unit3 My Room有关于房间物品的认知，Unit8 Counting有关于There be... 句型表述的学习等。②本册教材中Unit1 My School关于学校功能室名称及活动的学习与本单元教学内容在结构上有着极高的相似度。学生在第一单元学习中能够运用句型There be... 介绍自己的学校。

（3）存在不足：①学生对如何通过询问了解新家情况的表述“Is there ...? 和 Are there ...? ”等句型相对陌生。②学生在关于“家人活动”的词汇积累相对较少，需要直观图片或视频辅助学习。

（三）教学目标

通过本课时的学习，学生能够：

（1）认读living room，dining room，bedroom，kitchen，bathroom，garden等词汇及表达各房间的功能活动；能够准确运用句型Is there a ... in our new home? Yes，there is. / No，there isn't. 进行问答交流，了解房屋的信息。（学习理解）

（2）通过设置“Is there a...in the dream home? Can I...in the dream? How many ...are there? ”等问题，借助情绪、语调、画面的变化感染学生，引导学生理解语篇，拓展思维，深度学习。（应用实践）

（3）体会故事中人物的情感变化，保持对新事物的探索精神，拓宽思路，开放思维，创新设计。能够通过看图片、读故事，进行分析、归纳，处理信息，综合运用本单元语言知识完成介绍“My Dream Home”的任务。（迁移创新）

（4）完成本课时目标所需的核心语言如下。

【核心词汇】

房间名称：living room，dining room，bedroom，kitchen，bathroom，garden.

功能活动：watch TV，eat dinner，take a bath，cook dinner.

【核心句型】

Is there a ... in the dream home? Yes，there is. / No，there isn't.

Can I...in the dream? Yes, you can. / No, you can't.

How many...are there? There are...

（四）教学过程

教学过程概述见表3–10。

表3–10

教学目标	学习活动	效果评价
在唱听说的活动中，梳理学过的房间名称与活动词组，建立房间名称与房间功能活动之间的联系。（学习理解）	（1）师生互动问候，打招呼。观看歌曲视频，演唱歌曲 *Where's My Home*，从animals' home 引申到our home的学习，帮助学生理解home的意义。 （2）呈现房子结构，复习房间的名称。朗诵英文小诗*Chant*复习关于房间名称与活动的词组，并生成板书。 （3）看图说出房间的名称，通过看图补充句子，听、说、读英文小诗，建立房间名称与房间功能活动之间的联系	教师观察学生能否参与互动和交流，主动分享个人对our new home主题已有的知识和经验，并根据需要适当调整提问方式。 教师观察学生完成匹配活动的情况，根据学生朗诵小诗的表现给予指导和反馈。 教师根据学生理解词汇、拼读单词和拓展词汇的情况，发现问题，及时提供帮助
设计意图： 通过用英语打招呼、问候以及自然交谈等师生互动环节，调整学生学习状态，利用欢快的英文歌曲，呈现关于home的话题，帮助学生在情境中感受animals' home 和our home的区别，并尝试体会home的意义。通过板书呈现房屋平面结构图，复习房间的名称，激活学生的形象记忆；朗朗上口的英文小诗，既是核心教学内容的导入，又是建立房间名称和功能联系的认知过程		
在教师的指导下，通过观看对话视频，从大概到细节逐步理解对话内容；通过复述故事，进一步理解对话，内化语言，为语言输出奠定语言知识基础。（应用实践）	（1）完整播放课文对话视频。通过问题链导向，逐步深入解读故事文本。 What's the good news? What's in the new home? What do the kids want? Does Gogo like the new home? Why? （2）出示句子There is a bedroom for everybody. 讨论How many bedrooms are there in the new home? 引导学生深度思考，感悟文本承载的更多的意义。 （3）观看视频，根据图片并描述"Our New Home"，循序渐进完成口头问答、图片配对、房间数量统计、讨论bedrooms数量以及填空复述故事等几个操练活动	教师观察学生在语境中运用核心语言进行问答和交流的情况，根据学生的表现给予指导和反馈。 教师观察学生能否借助语言支架完成故事复述以及完成口头问答、图片配对、房间数量统计、讨论bedrooms数量以及填空复述故事等几个操练活动的情况，根据学生表现给予适当提示和指导

续 表

<table>
<tr><th>教学目标</th><th>学习活动</th><th>效果评价</th></tr>
<tr><td colspan="3">设计意图：通过动画视频引导学生整体感知本课时的故事文本Story；利用问题链层层深入地引导学生深度解读故事文本，感悟文本承载的更多含义；对具有争议性的问题进行讨论，结合学生生活经验进行发散性、批判性思维训练。例如，根据学生对故事文本中“There is a bedroom for everyone”理解的差异，对合理的推理进行分析，并给予肯定与鼓励</td></tr>
<tr><td>在小组内交流“梦想之家”的设计，并向全班推介小组的“梦想之家”。（迁移创新）</td><td>（1）组织“梦想之家”推介会。通过提问，了解他人设计的“梦想之家”，如Is there a ...in the dream home? / Can I ...in the dream? / How many ...are there?
（2）在推介会上提问或回答，展开真正的语言交际交流。学以致用，在交流中思考，互相学习，表达自己的观点</td><td>教师观察学生在小组内运用所学语言交流“梦想之家”的情况，给予鼓励或帮助。
教师观察小组向全班推介“梦想之家”的情况，适当引导及调度各小组的交流，评价各小组的活动成效</td></tr>
<tr><td colspan="3">设计意图：创设接近真实的语言交际情景，在Dream Home for Sale 的完整语境中，激励学生与同伴交流，积极主动地运用句型进行语言交际，了解他人的dream home设计，包括房间情况、功能活动以及空间大小等信息，实现了真实的语言运用，有效的语言输出。鼓励学生在开放的语境中学以致用，获得语言交流的真实体验

</td></tr>
</table>

续 表

教学目标	学习活动	效果评价
在迁移的语境中，创造性地运用所学语言，交流家庭的活动及场所。从课本走向现实生活，感受家的真正含义，树立正确的家庭观念。（迁移创新）	（1）选择自己喜欢房型以及适合难度的任务（Level A：在模板中填充信息进行介绍；Level B：自主运用所学语言知识进行表达），对our dream home进行描述。 （2）引导学生观看图片，感悟home的真正含义，升华教学主题的意义。 Home can be on the hills. Home can be by the rivers. Home can be big. Home can be small. A family with love is our dream	教师观察学生对自己喜欢户型以及描述任务的选择，对其自主运用所学语言知识给予鼓励和指导。 教师观察学生能否在图片的提示下，创造性地运用所学语言，描述家庭的活动及场所，对其能表达美好情感给予鼓励和肯定
设计意图：以学生设计的dream home原型为基础，设置难易分层的综合表达形式，包括填充式表达以及个性表达两种形式，鼓励学生根据自己的学习情况，选择适合自己的表达形式，促进学生自主学习意识的形成。在欣赏美丽的摄影作品及家庭温馨场面的图片，感受美好家庭不在乎空间大小和位置远近，关键在于住在家里的人以及进行的活动，从而触发学生由衷的表达I love my home. It's nice/ warm/ happy... We can ... in... 把语言知识运用于表达真正的情感		

（五）作业设计

（1）基础性作业：Read and fill. 阅读课文对话，根据故事大意，写出各房间的名称以及数量。

What is this? How many... are there in our new home?

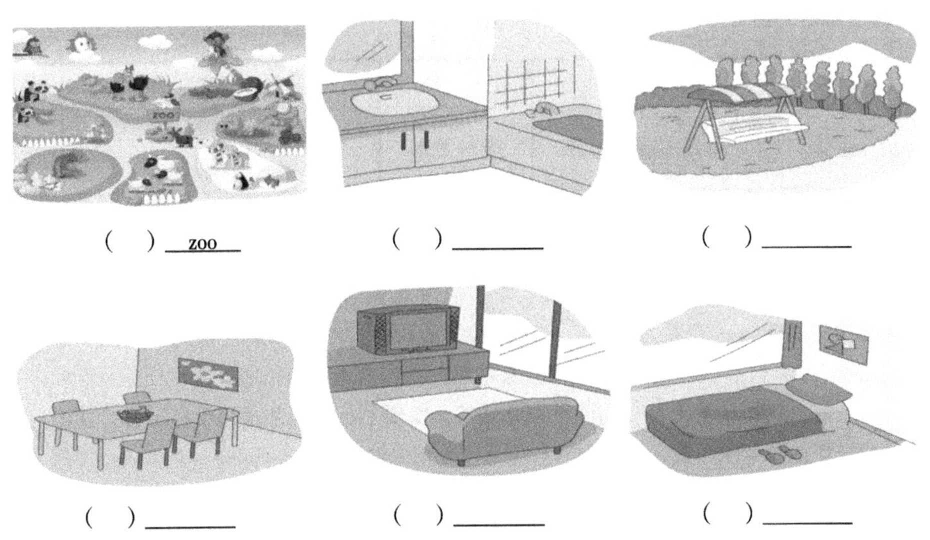

（2）拓展性作业：Draw and write. 用英语描述你创作的梦想之家。

My Dream Home （画图）	写作文：My Dream Home

（六）板书设计

（七）教学反思

粤人教版四年级下册Book4 Unit2 单元主题复习课教学反思见表3-11。

表3-11

执教者	李凤	学校	珠海市金湾区第一小学
课型	单元主题复习课	教材版本	粤人教版四年级下册Unit2 Our New Home
教学资源利用： 以教材为蓝本，将影视资源与教材紧密结合，有效调动学生的各种感官，丰富学生的体验。如激趣热身环节的歌曲视频，学生通过观看不同动物的居住环境，配合欢快有节律的歌声，达到更为直观、生动的视听效果，活跃了课堂气氛又导入教学话题“Home”的讨论。设置多层次学习任务清单。如课前预习问题链，课堂任务及课后拓展练习等；配乐欣赏图片、朗诵英语诗句等，实现了英语与艺术跨学科融合，使语言的美被更加清晰地凸显，推荐阅读与单元主题相关的英文绘本Home is the best. 加深了学生对home内涵的理解			

续 表

执教者	李凤	学校	珠海市金湾区第一小学
课型	单元主题复习课	教材版本	粤人教版四年级下册Unit2 Our New Home

教学策略运用：
（1）故事教学法：通过视、听、读课文故事，了解故事对话内容。通过模拟故事情节“Our Dream Home”把本节课的重点巧妙地呈现，询问“Is there a...in the new home？”让学生以猜测的方式在有意义的语境中运用语言。
（2）模拟演示法：通过Dream Home for Sale的活动引导学生主动提问，了解他人“梦想之家”的设计并为自己喜欢的设计进行“点赞”评价。在进行对话交流后用简单的英语描述自己的“梦想之家”并进行口头展示，完成综合性语言表达。
（3）学科情感教育：通过enjoy pictures的活动，提升对home的感悟：A house with love is our dream. 通过欣赏家庭温馨场面的图片感受美好家庭不在乎空间大小和位置远近，而在于家里的人，并自发表达I love my home. It's nice/ warm/ happy... We can ... in... 把语言知识运用于表达真正的情感

精彩片段再现：
（1）演唱欢快的歌曲和动感的小诗，营造了轻松愉快的课堂氛围，在节奏与韵律的带动下进入了moving to a new home的语境。
（2）通过Watch the video，read the story，fill the form and talk about the rooms等教学活动完成了课文故事的学习，并利用故事中的“矛盾点”驱动学生深度学习。
（3）完成Dream Home for Sale的小组活动，通过询问了解他人“梦想之家”的设计。
（4）运用简单的英语描述“梦想之家”并进行口头展示，完成综合性语言表达

改进与提高：
如果我再上一次，我会进行如下调整。
（1）精准细化单元主题复习课时目标，提升教学目标的可测性。
本课时通过整体听读故事对话，利用表格统计引导学生讨论How many ...are there？通过Let's say 活动讨论孩子们对新家的需求What do the kids want？实现了语言的整体输入。在Dream Home for Sale的完整语境中，学生积极主动地根据自己的兴趣运用句型 Is there a ... in the dream home？ Can I ...in the dream？ How many ...are there？进行真实的语言交际，了解dream home的房间具体情况、功能活动以及空间大小等信息，实现了真实的语言运用，有效的语言输出。但教学目标的描述过于笼统，缺乏细致的可测性标准，存在主观判断的比例过重，对学生学习的激励性不足。
（2）深挖凝练文本蕴含的育人价值，渗透课堂教学的全过程。
基于课标，立足教材，从学生实际情况出发，对故事文本进行深度解读，帮助学生理解语言在交际过程中传达的情感和意义。教材文本中There is a bedroom for every one的表述引发了学生的积极讨论。应适时引导学生探讨How many bedrooms are there in our new home？让学生真实了解到不同的回答反映出不同的个人生活习惯。其中鼓励学生对家庭成员的关注，树立“和睦家庭”的情感教育，标签式教育痕迹比较明显。应该在教学中关注学生的学习表现和学习生成，适时给予指导和帮助，实现语言学习与学科育人的统一

粤人教版四年级下册Unit6 Jobs 第三课时“教—学—评”一体化教学设计

珠海市香洲区第三小学 李 玲

教学过程概述见表3-12。

表3-12

课时	Unit6 Jobs（Period 3）	时间	40 minutes
主题	Our Dream Jobs	教师	珠海市香洲区第三小学 李玲
Text analysis	What?（Theme and Content） Theme：talk about families or friends' jobs. Content：A dialog about asking someone's dream jobs. A picture book about My Dad. Why?（Intention） Students are expected to be able to ask and answer someone's occupations. How?（Language Structure） What do you want to be? I want to be a/an ... Do you want to be a/ an...? Yes，I do. / No，I don't. What does he/she want to be? He/ She wants to be a/an ... What do they want to be? They want to be ...		
Student analysis	Existing Level： Students already learned the words of jobs in Period 1 & 2. And they can use the sentence patterns：This is my...She is a /an...What do you do? I am a/an... What does he/she do? He/ She is a/an ... Potential Level： Through the learning activities of this lesson，we expect students to be able to talk about their future jobs with the language structure they learn in this course. Existing deficiency： To ask and answer other's future jobs in the third-person singular		

续表

课时	Unit6 Jobs （Period 3）	时间	40 minutes
主题	Our Dream Jobs	教师	珠海市香洲区第三小学 李玲

Learning objectives	（1）Ss will be able to use these sentence patterns correctly in communication: What do you want to be? I want to be a/an ... What does he/she want to be? He/ She wants to be a/an... （2）Ss will be able to interview and report their family's and friends' future jobs. （3）Students can develop positive attitudes about the jobs, and respect all the jobs around us. （4）Ss will be able to know the love from mums, and do something for mum
Key points	The language structure to express the dream jobs
Challenges	To ask and answer other's future jobs in the third-person singular
Teaching methods	Communicative Language Teaching Situational Language Teaching Task-based Language Teaching
Learning methods	Interactive and Cooperative Learning
Teaching aids	Multi-media, jobs word-cards, working sheets for each student

Teaching procedures

Steps / Methods	Activities	Purposes	Levels	Time
Step 1 Warming-up	（1）Greeting （2）Song: What does he do? P47 （3）Change the lyrics with the word cards （4）Guess the jobs from passages e. g. I work in No. 1 Primary School. I like music. I help the Ss to learn to sing. What do I do? Can you guess? A music teacher. （5）Have a mind-map about the jobs	（1）To get the Ss ready for class （2）To review the words about jobs from the song activity （3）To review the jobs from passages （4）To review the words about jobs quickly by the mind-map	Remember & Comprehend	6 min

续 表

课时	Unit6 Jobs（Period 3）	时间	40 minutes	
主题	Our Dream Jobs	教师	珠海市香洲区第三小学李玲	
Step 2 Presentation 1	（1）Learn the sounds and words: er-/ə/ p49 ①Listen and read the words ②Find the rules of the sounds Piece of the phonic video ③Listen to the chant ④ Chant by themselves （2）Listen to the dialog on P45: ——What do you want to be? ——I want to be a teacher. （3）Read the dialog.（T板书） （4）Practice between Group A and B （by using the word-cards）	To find out the rules of the sounds er-/ə / To practice the rules in the chant. To learn the new sentence pattern; And imitate the pronunciation	Comprehend	3 min
Step 3 Practice 1	1. Have a dialog one by one （1）T-S1　T-S2　T-S3 （2）T-S1　S1-S2　S2-S3 ... 每组同时开火车 e. g.：T：I want to be a police office. What do want to be? S1：I want to be a … （to S3）What do you want to be? S2… 2. Interview the last 8 Ss' dream jobs （S1 S2 S3 S4 S5 S6 S7 ）每组完成后最后一位上台 3. Report Time （turn to the third-person singular ） to the class:（S1）What does he/she want to be? Ss：He/ She wants to be a/an …	Practice to use the sentence pattern correctly in communication. （Task-based）	Comprehend& Apply	8 min
Step 4 Presentation 2 and Practice 2	（1）What does he/she want to be? He/ She wants to be a/an...（板书） （2）Practice from PPT and finish Practice 1 What does he want to be?（题目顺序C-A-B-D） D：What do you want to be? What about your friends? （3）Have an interview about good friends' dream job（学习拓展资料：采访卡）	To practice the sentence pattern in the third-person singular. To learn to know more information about good friends	Comprehend	10 min

续表

<table>
<tr><td>课时</td><td>Unit6 Jobs（Period 3）</td><td>时间</td><td colspan="2">40 minutes</td></tr>
<tr><td>主题</td><td>Our Dream Jobs</td><td>教师</td><td colspan="2">珠海市香洲区第三小学
李玲</td></tr>
<tr><td>Step 4
Presentation 2
and Practice 2</td><td>T：（show a model before class）
（worksheet）
About Our Dream Jobs
Name ｜ Want to be
Me: ______
（4）Teacher has an interview in random
（参访过这位同学的所有“记者”可以起立抢答）
T：What does × × × want to be?
（S1，S5…）× × × wants to be a/an …
T：（采访站起来的同学）Do you want to be a …?
（What do you want to be? ）Why?
（5）Write down and have a report
Task 2: Have a report.
Report:
About Our Dream Jobs
Hello, I am ____. I want to be a ______. ____ is my good friends. ____ wants to be a/an ______.
What about your dream job?</td><td>To develop the deeper thinking about the dream jobs.

To practice to write a report in the third-person singular</td><td>Comprehend</td><td></td></tr>
<tr><td>Step 5
Consolidation</td><td>（1）We need all kinds of jobs.
Every job has its value.
（2）Talk about mother's jobs
T：Do you know what does your mother do?
Well. You know your mums so well.
Do you know when you are sick，what does your mum want to be? （PPT 引）
Ss：She wants to be a doctor.
T：Yes，she wants to be a doctor or a nurse.
And when you are sad，what does your mum want to be?
S1：She wants to be a ...
（3）Enjoy a picture book</td><td>（1）To lead the Ss to respect all kinds of jobs.

（2）To lead to the book and try to understand the things that mums do. And to encourage the Ss to think creatively</td><td>Comprehend and Apply</td><td>12min</td></tr>
</table>

续 表

课时	Unit6 Jobs（Period 3）	时间	40 minutes	
主题	Our Dream Jobs	教师	珠海市香洲区第三小学 李玲	
Step 5 Consolidation	T：Now，I want to be a story teller. I want to share a book with you.（Show the book：My Mum） ①View the cover of the book and guess what does the mom do? ②Enjoy the book Emotional Education： Wow! Our mums are so great! Mums are superheroes. ③What do you want to say to your mum? e. g. I want to say "Thank you，Mum." I want to say … T：Let's say together： Dear Mum，I love you. ④ Writing Practice （worksheet）Draw and write about our family. My Sweet Family Look! This is my dad. He is a ______. This is my mum. She is nice. She is a/an______________. That's me. I like __________. I want to be a/an ______________	（3）To practice the viewing ability. （4）To get a whole view about the book and try to understand our super mums. （5）To express the love to dad. （6）Comment：Please light up the stars to show how you like the picture book. And light up the stars to show how fluency you can read the book. （7）To introduce the jobs of our families and express the love of dad and mum from the ages	Comprehend and Apply	
Step 6 Closure	（1）Summary Read and sing out the blackboard （Tone：Twinkle，twinkle，little star.） What do you want to be ? A teacher，I want to be an English teacher. What does he want to be ? A doctor. He wants to be a doctor. What does she want to be ? A writer. She wants to be a story writer. （2）Homework A：Finish and share the dream job passage with your family. B：Draw and write about Your Family. Then share	（1）To summarize the lesson and assign the homework. （2）To make the families know much better about each other	Apply	1 min

粤人教版三年级起点六年级上册Unit4 Keeping Clean 第六课时“教—学—评”一体化教学设计

珠海市香洲区实验学校　邱晓红

粤人教版三年级起点六年级上册Unit4 Keeping Clean 第六课时“教—学—评”一体化教学设计单元整体情况如下。

一、单元主题：Keeping Clean

该主题属于“人与自我”“人与社会”“人与自然”范畴，涉及“个人卫生习惯及家庭环境卫生”“校园与社区环境卫生”和“城市和社会环境的变化”。

二、单元主题分析

本单元围绕Keeping Clean这一主题展开（图3-1），涉及七个语篇，包括一个配图故事，一组对话，一封书信，一篇配图小短文，一首歌曲，一首韵文，一篇配图短文。七个语篇，从不同角度出发谈论了“Keeping Clean”这一话题，各语篇与单元主题之间相互关联，构成三个子主题，涉及“个人卫生习惯及家庭环境卫生”（Keeping Our Family Clean）、“校园与社区环境卫生”（Keeping Our Community Clean）和“城市和社会环境的变化”（Changes in the Cities）。

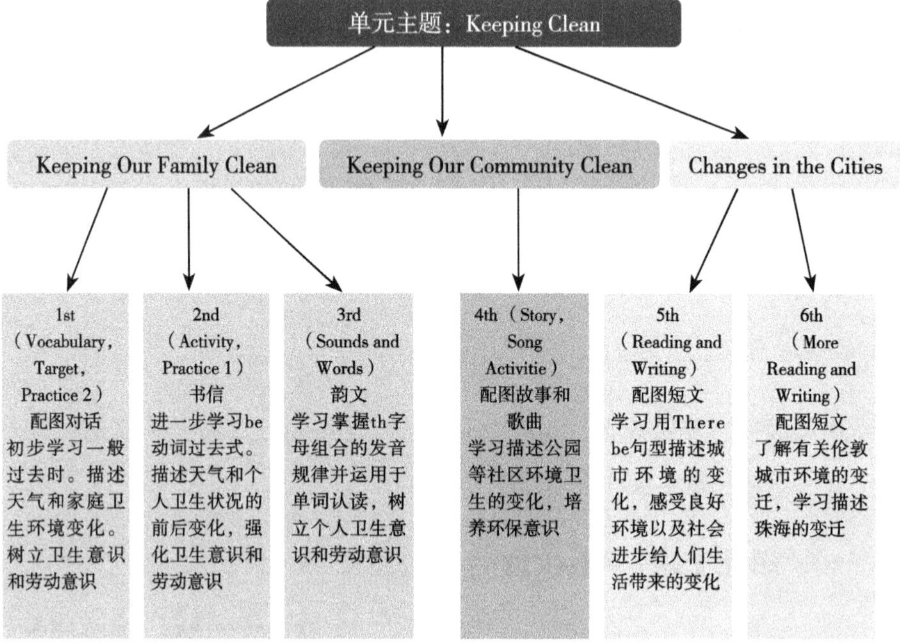

图3-1

三、单元总体目标

（1）掌握描述事物前后变化的形容词及句型，了解一般过去时的意义，掌握be动词的过去式形式和用法，以及th字母组合的发音。

（2）借助图表等形式归纳并掌握核心词句在一般过去时和一般现在时中的不同形式和用法；学会整合运用所学词汇和语言，依托图片、照片及视频等多模态语篇，讲述家庭环境变化、社区环境变化以及城市今昔对比的变化。

（3）学会用相关阅读策略阅读语篇，从描述个人物品、家庭环境的变化逐步迁移到对社区环境变化的描述，再进一步迁移到描述城市变化，感受良好环境以及社会进步给人们生活带来的变化，并用所学核心词句，描述身边的环境变化，输出新语篇。

（4）在语篇学习中培养个人卫生意识和劳动意识，鼓励参与力所能及的家务劳动实践；培养环保意识，指导并鼓励参加垃圾分类等环保行动。

四、单元各课时安排

单元各课时安排概述见表3–13。

表3–13

课时	子主题	语篇	核心词汇与句型
1st （Vocabulary，Target，Practice 2）	Keeping Our Family Clean	Target 配图对话	warm–cool；wet–dry；clean–dirty；tidy–messy；am：is–was；are–were （1）What was your bedroom like this morning? It was messy. （2）My books were on the floor this morning. They are on the desk now
2nd （Activity，Practice 1）		Activity 书信	warm–cool；wet–dry；clean–dirty；am，is–was；are–were；building，museum；Mrs No. 1 Planet （1）What was the weather like today? It was ... （2）What are Gogo's clothes like now? They are ... （3）What were Gogo's clothes like yesterday? They were ...
3rd （Sounds and Words）		Chant 韵文	this，that，these，those，mother，father （1）How can you do that? （2）Let me help clean the house
4th （Story，Song Activities）	Keeping Our Community Clean	Story 配图故事	beautiful，pick up；trash；everywhere；make ...clean；again；pull；over there； （1）Let's pick up the trash and make the park clean. （2）It was dirty，but it's clean now
		Song Activities 歌曲	messy–tidy；clean–dirty；am，is–was；are–were （1）What can we do？ （2）We can make it tidy. （3）We can make them clean
5th （Reading and Writing）	Changes in the Cities	Reading and Writing 配图短文	Guangzhou Tower，The Pearl River，tall buildings，roads，fast food There are ...now. There were ...before

续 表

课时	子主题	语篇	核心词汇与句型
6th （More Reading and Writing）	Changes in the Cities	More Reading and Writing 配图短文	air; better; side by side; together; the Thames River; bright; famous; London bridge amazing （1）There are ...in London. （2）There were ...before. （3）The ...are big now . （4）The ...were small before

五、单元主题复习课教学设计

（一）语篇研读

What：语篇的题目是*Old London and London Today*，内容是描述伦敦过去和现在的空气质量变化，新旧建筑物的变化，泰晤士河两岸风景以及伦敦大桥神奇的结构。

Why：语篇通过对伦敦城市环境变化的描述让读者感受伦敦之美，此外通过对伦敦人文景观过去与现在的描述传递了伦敦居民生活环境正在改善变好的信息，语篇有助于引发读者思考：环境变化的主要原因是什么？保护环境我能做什么？语篇为学生提供深度思考和语言实践的空间。

How：语篇的文体特征是配图短文。文体结构属于并列式，文章的各部分内容没有明显的主次轻重之分。语言特点是：简洁、富有概括力，散中见整。语篇涉及对伦敦人文景观描述的核心词汇：air，the Thames River，London bridge，bright，famous，amazing，better，side by side；描述过去与现在对比使用的核心语言，如 In the old days，the air in London was dirty. Today the air is clean. 语篇使用了一般过去时和一般现在时。

（二）学情分析

（1）自然情况：①六年级的学生具备一定的阅读能力，大部分学生掌握了基础的阅读技巧，能通过勾圈画等形式提取语篇关键信息，对未知的事物有比较强的好奇心，学习兴趣比较浓厚。②学生有一定的环保意识，尤其是在2022年珠海创建文明城市的活动中，他们参与了学校的多项活动，能感受到良好的环境给生活和学习带来的变化，知道keeping clean的重要性。

（2）已有基础：在本单元的前5课时中学生初步接触了一般过去时，学习了be动词was，were 的运用；There be—般现在时的句型结构在四年级有学习，There be 的一般过去时形式在本单元的Reading and writing 出现，学生有一定的基础。

（3）存在不足：①英语与汉语中描述过去某个时间里存在的状态表示方式不同，尤其是There be...句型结构的表达不同，大部分学生在语言输出的时候会出现各种错误。②学生对伦敦这座城市比较陌生，不了解伦敦的文化背景。③六年级的学生生活在珠海居住环境和生活环境都发生巨大变化的时期，但是由于年龄小，他们对周围的变化不会太在意，导致在话题写作的过程中出现困难。

（三）教学目标

通过本课时的学习，学生能够：

（1）根据图片、视频和标题，在看、听、说、猜的教学活动中，理解语篇中描述性的语言，了解伦敦的著名景点以及它们的过去与现在，学习英语中对比的写作方法。（学习理解）

（2）在教师的帮助下，运用阅读策略获取关键信息，运用核心词汇和句型描述伦敦（社会）的变化，注意语言表达的正确性与得体性。（应用实践、迁移创新）

（3）小组合作开展以Changes in Zhuhai为话题的写作，激发对所居住城市的热爱。（迁移创新）

（4）完成本课时目标所需的核心语言如下。

【核心词汇】

cleaner，better，building，side by side，the Thames River，famous，London Bridge.

【核心句型】

There are...in London today. There were ...in London before.

（四）教学过程

教学过程概述见表3-14。

表3–14

<table>
<tr><th>教学目标</th><th>教学活动</th><th>效果评价</th></tr>
<tr><td>根据图片、视频和标题，在看、听、说、猜的教学活动中，理解语篇中描述性的语言，了解伦敦的著名景点以及它们的过去与现在，学习英语中对比的写作方法。（学习理解）</td><td>（1）Free talk. 教师和学生根据图片对话（读封面），学生基于图片和已有经验，在教师的启发下，感知本课即将学习的话题。
（2）Look and say. 教师展示伦敦100年对比图，引导学生读图，了解学生描述性形容词的知识储备，整体感知伦敦建筑物外观及清洁度的变化。
（3）Watch and remember. 教师展示伦敦过去与现在的视频，学生观察并回答问题，预知学习内容。
（4）Listen and tick. 学生带着问题听语篇录音，感知语音、语调、节奏和重读词汇，勾选出话题中的城市名称和场所。
（5）Read and check. 学生快速浏览语篇（跳读），自查答案选项是否正确。
（6）Read and answer. 在问题的引领下学生阅读语篇，梳理和提取主要信息并完成思维导图</td><td>（1）教师观察学生能否参与互动和交流，主动分享个人对伦敦已有的知识、经验，教师根据学生的已有水平调整提问方式，适时追问并给予鼓励。
（2）教师观察学生能否借助板书呈现的语言支架提炼语篇核心语言。在语境中使用核心语言问答与交流的情况，根据学生的表现给予必要的提示和学法指导及反馈</td></tr>
<tr><td colspan="3">设计意图：在本阶段学习活动中，教师通过让学生观察图片和观看视频初步感知本课的语篇内容——伦敦。通过图片的对比预测文本描写的具体事物，通过回答问题等途径，获取、梳理语篇中关于伦敦（城市）的变化（空气质量、建筑、泰晤士河）以及伦敦桥的奇特之处，关注There be...句型的使用，学习语篇的写作手法</td></tr>
<tr><td>在教师的帮助下，运用多种阅读策略获取关键信息，提取核心句子，尝试运用自己的语言转述伦敦的变化，注意语言表达的正确性、完整性与得体性。（应用实践）</td><td>（7）Retell in parts. 学生分段复述语篇内容。
（8）Retell the contents. 学生自由朗读语篇，内化语篇核心词汇和句型，在表格的帮助下，用一般过去时和一般现在时转述语篇内容</td><td>教师观察学生能否借助板书呈现的语言支架帮助用核心句型对语篇进行口头输出，教师巡视课堂，针对不同水平的学生给予提示、指导和反馈</td></tr>
<tr><td colspan="3">设计意图：在本阶段学习活动中，学生能够结合从文本中所获取的事实性信息，正确运用一般过去时和一般现在时对伦敦城市的变化进行规范流畅的介绍，在教师提供帮助和启发下，学生自信大方，语言表达规范、得体，为后面的写作表达做准备</td></tr>
</table>

教学目标	教学活动	效果评价
在教师的帮助下运用核心词汇描述城市的变化并开展以The Changes in Zhuhai为话题的写作，学生能有效地陈述事件，传达信息，表达个人观点。通过伦敦与珠海城市变化的对比，知道人的素质才是美丽城市的关键，增进文化自信，激发对所居住城市的热爱，达成立德树人的育人目标。（迁移创新）	（9）Think and answer. 学生在教师指导下，对伦敦城市变迁发表个人观点。通过头脑风暴激活学生对珠海城市变化的已有观察。 （10）Watch and discus. 学生观看视频，小组讨论珠海城市的变迁。 （11）Talk and write. 学生根据图片谈论并完成珠海城市的变迁的写作训练。 （12）Share and check. 小组成员完成组内交流然后向全班汇报。 （13）Chant and summary. 学习小结与提升。 （14）Homework. 学生课后运用所学核心语言完成写作	教师根据学生对问题的回应与反馈，引导讨论和正确评价，根据需要给予鼓励或帮助，评价教与学的成效
设计意图：在本阶段学习活动中，教师提供的图片和视频能解决学生缺乏生活经历而导致的谈论和写作素材缺失的问题，而提供的语言支架有效地降低学习难度，增强学生运用英语交流和表达的信心。分层作业设计鼓励学生开展课外学习，利用网络资源扩充学习内容和信息渠道		
作业设计： 基础性作业：Read the passage3 times. 拓展性作业： （1）Get more information about Zhuhai and London. （2）Choose one task.（ a video or a picture book...） Old London and London Today（Continuation writing） Old Zhuhai and Zhuhai Today（Continuation writing） The Changes in my Hometown		

六、教学反思

在本课的教学活动设计中，我秉持英语学习活动观组织和实施教学，以主题为引领，以语篇为依托，通过学习理解、应用实践和迁移创新等活动，引导学生整合性地学习语言知识和文化知识，运用所学知识、技能和策略，围绕主题表达个人观点和态度，解决真实问题，力求在教学中达成培养学生核心素养的目的。本课的教学活动我们遵循“教—学—评”一体化的设计与实施原则，注重各教学要素相互关系的分析，设计并实施目标、活动、评价相统一的教学，明确教什么、为什么教、怎么教、怎么评等方面的内涵与要求。在教学过程中，教师通过观察、提问、追问以及合理、科学的测试等方式，观察学生理解了什么，能表达什么，会做什么，收集学生学习是否真正发生的证据，及时诊断学生在学习过程中的问题。根据需要提供必要的支架和及时反馈，帮助学生达成预设的教学目标，以评促学，以评促教，把评价镶嵌在教学之中，成为教学的有机组成部分。

粤人教版四年级上册Unit7 Working or Playing单元主题复习课“教—学—评”一体化教学设计

珠海市金湾三灶镇中心小学　张彩玉

粤人教版四年级上册Unit7 Working or Playing单元主题复习课“教—学—评”一体化教学设计单元整体情况。

一、单元主题：Working or Playing

该主题属于“人与社会”范畴，涉及“谈论各种活动”。

二、单元主题分析

本单元围绕 “日常活动”主题展开，涉及三个语篇。

语篇一是学习表达自己正在做什么。

语篇二是学习谈论他人正在做什么。

语篇三是学习描述绘本中动态的人物动作。

三、单元总体目标

（1）能够用进行时态描述人物在不同场合的动作。

（2）能够读懂本单元的语篇、对话，并能够自如地运用进行情景角色表演。

（3）能够熟练运用本单元重点单词和句型，进行话题写作。

（4）能够快速提取语篇相关信息，并根据思维导图复述语篇。

四、单元主题复习课教学设计

（一）语篇研读

（1）What：学生能熟练描述人物正在进行的动作，掌握以下重点词汇及句型。

词汇：work，shout，think，exercise，talk，color，cut，dance.

句型：What are you doing?　What is he/she doing?

（2）Why：通过学习学生能对不同场景中人物的动态用英语进行简单的描述。

（3）How：遵循语言教学“先输入，后输出”的学习规律，以活动为主要的教学模式。积极创设情境，采取整体输入、尝试运用的策略，引导学生在情景呈现中感知语言，在模仿中体验、探究语言的功能，在活动中学习、提高运用语言的能力。

（二）学情分析

（1）自然情况：四年级的学生爱听、爱说、爱玩，好奇心强，对新事物比较敏感。他们能用英语交流个人、家庭信息，能表达简单的情感和感觉。

（2）已有基础：学生在学习本课之前已掌握了大量的动词及动词短语，经过老师的教学，也了解了现在进行时态。

（3）存在不足：汉语中没有时态这一概念，学生在实际使用中，对该时态的结构不容易内化，容易遗漏助动词be，或者在使用动词时忘记加ing 。故有必要设计有效的活动，给予学生大量练习的机会，让学生在各种实践活动中进一步熟悉这一语言现象，进而达到运用自如的目的。

（三）教学目标

通过本课时的学习，学生能够：

（1）熟悉现在进行时态的结构。（学习理解）

（2）用进行时态描述人物在不同场合的动作，自如地进行对话。（应用实践）

（3）熟练运用本单元重点单词和句型，进行话题写作 。（迁移创新）

（4）完成本课时目标所需的核心语言如下：

【核心词汇】

work，shout，think，exercise，talk，color，cut，dance.

【核心句型】

What are you doing? What is he/she doing?

（四）教学过程

教学过程概述见表3-15。

表3-15

教学步骤	教学活动	效果评价
Step 1 Warm up and lead-in. 引入教学主题	（1）歌曲热身 *Are You Sleeping*? （2）用看动作说英语的活动引入课题。 让一生根据老师的字卡提示一个接一个地做动作，在此过程中向全班发问："What is he doing？" 师生对话如下： T：A，Come here. Can you look at the cards and do the actions. S1：OK. T：Hi，kids. What is he doing? Ss：He is cooking. T：What is he doing? Ss：He is running. T：What is he doing? Ss：He is sleeping. ...	学生能快速进入主题
设计意图：英文歌曲和看动作说英语活动能快速地集中学生的注意力，营造出良好的英语氛围，同时让学生感知进行时态的句式，为接下来的复习做好铺垫		

教学步骤	教学活动	效果评价
Step 2 梳理现在进行时态结构	（1）以形象法突出结构。 课前在黑板一侧画出一汽车的侧面（简笔画）。提示课题后在汽车的两个轮子上分别填上“be”和“V-ing” T：要表示正在做某事，“Be”与“V-ing”缺一不可。 （2）练习“be”的使用。 在“be”旁标上“am，is，are”，然后老师不停变换人称，让学生口头快速说出相应的“be”动词。 T：I Ss：am T：You Ss：are T：they Ss：are T：she Ss：is T：Mike and Tom Ss：are T：the boy Ss：is T：the boys Ss：are … （3）复习“V-ing”的构成。 在车后画三朵云象征车尾气，与前面的内容连成一个整体。在三朵云上，分别贴上“play—playing”“write—writing”“run—running”的字卡。 让学生观察给的例子，小组讨论“V-ing”的构成规律。 请两位学生将“ride，dance，sing，sit，swim，cook，read，listen，sleep”等字卡进行归类。 play—playing write—writing run—running （4）将PPT中的动词原形及V-ing形式读一遍	（1）学生对“be”的正确使用及现在分词的构成有了清晰的认识。 （2）重视学生的发现与探究，这样的学习过程是学生主动求知、记忆的过程，学生的参与积极性更高，参与面更广，教学效率高
设计意图：作为语言，理解了的东西不等于掌握，只有脱口而出，才是真正内化。口头快速反应法利用口头检测的方式，快节奏，有比赛感，能有效激发学生的兴致。它还能在短时间提供给学生大量的变式练习，巩固语言点，同时让学生真正检测自己的掌握情况		
Step 3 围绕结构，强化听说	发散思维练习重要句式 T：I've got some riddles here. The first one：In this place ，you can see the sofa，the table and the TV etc. What is this place?	通过大量发散思维的训练，学生不断地加深对该时态的认识

续 表

教学步骤	教学活动	效果评价
Step 3 围绕结构， 强化听说	Ss：Home. T：Right.（板书：home 同时画上一个小女孩）Look，this is Mary. She's at home. What is she doing? S1：She is watching TV. S2：She is cleaning the house. S3：She is making a cake. … home What is she doing? T：This is another place. There are many desks and chairs here. Where is it? Ss：Classroom. T：Yes.（板书：classroom 同时画上一个男孩）Look，this is Ben. He is in the classroom. What is he doing? S1：He is writing. S2：He is talking with his friends. … classroom What is he doing? T：Here is the third place. It's very beautiful. You can see many trees and flowers here. S1：Park. T：Good.（板书：park 同时画上三个孩子）Look，We can see some kids in the park. What are they doing?	

教学步骤	教学活动	效果评价
Step 3 围绕结构， 强化听说	S1：They are singing. S2：They are dancing. … What are they doing?	
设计意图：以图创设情境，让学生调动自己的知识储备，激活与新知联系紧密的已学知识，在这个基础上发挥想象，进行大量现在进行时态句式的表达与运用，让语言结构在不知不觉中习得。问句依次呈现，有助于孩子知识的构建，知其然，更知其所以然		
Step 4 大量操练，达到灵活运用目标语言的目的	看图编对话，巩固句式 老师将三幅图一一快速闪过，让学生根据所看到的人物组织对话。 T：I'd like you to make dialogues according to the pictures. All of you have got three seconds to see the picture. Picture One，one ，two ，three. S1：What is he doing? S2：He is playing the piano. （第二幅图 ） S1：What are they doing? S2：They are cleaning the classroom. … 根据“相片”对话，活用句式 课堂上让6位同学走到讲台前，提醒他们老师喊“One，two，three”后立刻各自呈现一个动作，可以是“打篮球，做饭，听音乐”等，要求像木头人一样保持不动。接着让全班两两谈论“What is ...doing? He/She is... ” S1：Look，what is Mike doing? S2：He is listening to music. S3：Look，what is Jenny doing? S4：She is reading. ...	学生对三个问句“What is she doing？What is he doing ？What are they doing？”能运用自如

续表

<table>
<tr><th>教学步骤</th><th>教学活动</th><th>效果评价</th></tr>
<tr><td colspan="3">设计意图：快速闪动的卡片及谈论“相片”的活动具有游戏的性质，符合小学生喜欢变化的心理，趣味性的练习，让更多学生乐于参与</td></tr>
<tr><td>Step 5
说写结合，促巩固提升</td><td>（1）模仿例子，笔头造句。
<table><tr><td>人称</td><td>be</td><td>V-ing</td></tr><tr><td>I</td><td>am</td><td>reading</td></tr><tr><td>She</td><td></td><td></td></tr><tr><td>They</td><td></td><td></td></tr><tr><td>The boy</td><td></td><td></td></tr><tr><td>The boys</td><td></td><td></td></tr><tr><td>Ben and Lisa</td><td></td><td></td></tr></table>（2）改错。
出示三个学生造的错句，让学生找错，突出重难点。
Mary doing her homework.
Some boys is swimming.
Some children are runing.
（3）补全句子。
以填空方式再次检测重难点。出示三幅图，让学生用词的正确形式填空，校对后进行德育渗透。
① Look! The boy________（play）football in the street.
② Look! The girl ________（draw）on the wall.
③ Look! They________（sleep）in class.
T：Can we play football in the street.
Ss：No，we can't.
T：You are right. It's dangerous. When a car comes，you will be hit.
T：Can we do this?（指向第二幅“在墙上画画”的图）
Ss：No.
T：It's not beautiful. What about this? Is it good?（指向第三幅“部分同学上课睡觉”的图）
Ss：No.
T：What should we do in class?
S1：We should look at the teacher.
S2：We should listen to the teacher.
...（将三幅图依次打上叉）</td><td>通过笔头的输出，学生进一步确认了自己的掌握情况。分栏的设计再次巩固了“be”动词的用法，也传递给学生一个清晰的概念：进行时态的句式必须有“be”动词与“V-ing”两个关键要素</td></tr>
</table>

教学步骤	教学活动	效果评价
设计意图：学生们在使用进行时态时，极容易出现遗漏“be”动词等错误，让学生自己找错及填空，是换种方式的提醒，能给他们留下深刻的印象。与此同时，安全教育、美育及学习习惯教育也自然而然地渗透其中		
Step 6 用进行时态造句，提高学生语言的综合运用能力	各小组之间用现在进行时开展说句子比赛。 S1：There is a big house near the river. S2：A woman is writing in the house. S3：Two boys are playing basketball. S4：Some children are running. …	小组合作有序，学生表达流利
设计意图：目标的设置坡度不大，有利于提高孩子表达的信心，内容上也兼顾了各个层次的孩子，让每个人都有话说。这样的练习可以锻炼学生的综合表达能力		

（五）作业设计

（1）基础性作业：编写谈论人物动作的对话4则。

（2）拓展性作业：看图写话“In the Park”。

（六）板书设计

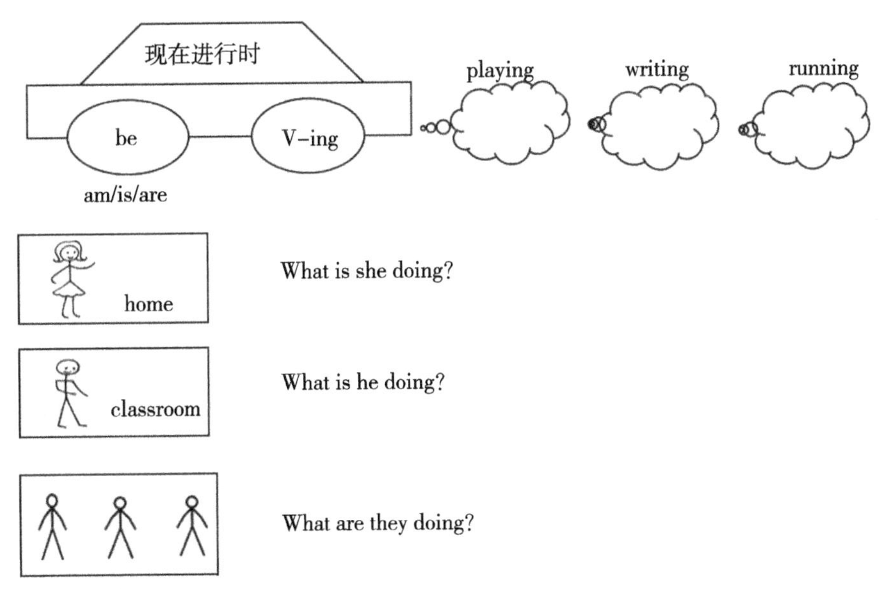

五、教学反思

粤人教版四年级上册Book3 Unit7单元主题复习课教学反思见表3-16。

表3-16

执教者	张彩玉	学校	珠海市金湾区三灶镇中心小学
课型	单元主题复习课	教材版本	粤人版 Book3 Unit7 Working or Playing
教学资源利用： 互联网资源，学生资源			
教学策略运用： 这是一节语法复习课。教师没有过多的讲解，由始至终都是在“练”字上做文章，让学生在大量的听说中去感知、熟悉现在进行时态这一语言现象。学生训练口语面广量大，老师设计的各种活动有效地帮助学生完成了知识的熟悉和梳理过程。学生发言踊跃，教学效果理想。在本课的教学设计和组织上注重了以下几个方面。 （1）听说读写，全面推进。复习是英语教学的重要环节，是学习的继续。好的复习设计，不仅把听、说、读、写训练贯穿于整个复习过程，还应把所学知识进行梳理、总结、归类、巩固实践，从而形成运用语言的能力。本课的设计遵循了这一要求，通过课堂上大量的听、说、参与，对现在进行时态进行了充分的训练。 （2）开放性问题，激活旧知。“What is he doing at home? What is she doing in the classroom? What are they doing in the park? ” 老师在边说边画中逐一呈现了有一定范围但又没固定答案的开放性问题，紧紧围绕学生的生活实际，选择学生感兴趣的视角，真正激活了学生的思维，打开了学生思维的空间。孩子们生活经历不同，生活背景不一样，思考问题的角度不同，所以有了精彩的生成。 （3）充分激发学生自主性。在归纳现在分词构成时，老师提供资料，让学生去思考、讨论现在分词的构成规则，有意识引导学生归纳。虽然由学生自主小结，会比较费时，但在学习过程中学生将学会思考、学会研究，经过努力思考得出来的东西，印象也将会格外深刻			
精彩片段再现： 教学中我最得意的是以下3点。 （1）知识情境化。老师能积极地创造语言运用环境，激发学生表达思想的欲望，引导学生观察、思考、猜测。如先让学生猜地方，然后一一画上人物，提出开放性的问题：“她/他/他们/在此地干什么？”因为情境设置合理，贴近实际，学生思维活跃，有话可说，爱说，乐说。 （2）任务游戏化。老师在课堂上不时穿插比赛性质的小游戏，像“看相片”编对话，快速反应说 “be”动词等，这使枯燥的语法、句型练习变得简单清晰、趣味无穷。增进了学生学习英语的兴趣和信心，调动了他们的学习热情，还有利于加强学生的参与意识和竞争意识			

执教者	张彩玉	学校	珠海市金湾区三灶镇中心小学
课型	单元主题复习课	教材版本	粤人版 Book3 Unit7 Working or Playing
（3）内容梯度化。活动由易到难，层层递进，从“be”和“V-ing”的操练到句型的大量练习，再到看图说话，注重培养学生从词到句、从句到篇的口语表达能力			
改进与提高： 如果我再上一次，我会进行如下调整： 设计一个主人公，用他和朋友的活动贯穿全课，以此进一步增进各环节间的联系，增强其逻辑性			

人教版新起点英语二年级下册Unit3 Seasons 复习课教学设计

珠海市香洲区第二十一小学　冯彩虹（珍和工作室助手）

一、语篇研读

（1）What：主题Seasons

内容：学习与四季相关的单词和句型，在歌曲、小诗和对话中去操练巩固，谈论季节的特征如天气、活动以及自己喜爱的季节。

（2）Why：文本意义用对话、歌谣、小诗、小调查呈现，操练和巩固与季节相关的单词和句型，帮助学生了解季节特点的英文表达，积累生活经验，激发学生对生活的热爱之情。

（3）How：语篇内容具有承上启下的特点，把前面两个单元四季天气和活动相结合去引入谈论喜爱的季节。文本贴近学生实际生活，容易激发学生表达兴趣，激活学生思维，引发学生共鸣。

二、学情分析

（1）自然情况：本课授课对象是小学二年级学生，他们活泼好动，表现欲强，学习热情高，但学习的持久性仍然不足。因此，针对他们的认知特点和水平设计有效的教学方法，注重英语学习兴趣的提高，激发其自信心，是教学中时刻要关注的问题。

（2）已有基础：本课主题季节贴近学生实际生活，学生在一单元、二单元初步掌握了季节、天气、活动等方面的词汇。本课需要引导学生结合新旧知识，梳理知识脉络，灵活运用句型。

（3）存在不足：二年级学生接触英语一年多，语言积累有限，又受到语言学习环境的限制，他们对已学知识的遗忘率较高，大部分学生对季节的话题了解还不够深入，有关季节的相关词汇积累不足，还不能完整地表达询问季节天气、喜爱的季节和在每个季节所做活动相关的句型。

三、教学目标

通过本课时的学习，学生能够：

（1）听懂、会说有关季节颜色、天气、活动的词汇并在句型中正确运用。

（2）听懂、会说关于询问和回答季节颜色、天气、活动和谈论某人最喜爱的季节及其特点的功能句并能在恰当的情境中运用。

（3）借助思维导图，用所学单词和句型完成对话和谈论自己喜爱的季节等活动，形成分析、归纳和运用语言素材的学习策略。

（4）在谈论季节相关的天气和活动中，进一步关注四季的不同特点，丰富生活常识。

（5）在小组合作交流中互相帮助、互相鼓励，增强英语学习自信心。

完成本课时目标所需的核心语言如下：

【核心词汇】

spring，summer，autumn，winter.

【核心句型】

What's the weather like in spring/summer/autumn/winter?

It's rainy/hot/cool/cold...

What can you do in spring /summer/autumn/winter?

I can fly a kite/swim/ride a bike/make a snowman...

What's your favorite season? Spring. I can ...in spring.

四、教学过程

教学过程概述见表3–17。

表3–17

<table>
<tr><th colspan="2">教学步骤</th><th>学习活动</th><th>效果评价</th></tr>
<tr><td rowspan="1">Step1
Warm up</td><td>（1）Greetings and free talk
How are you today? What's the weather like today?
（2）Sing a song：Seasons
（3）Lead in
T：What's the song about? Yes，it's about seasons.
How many seasons are there in a year?
What are they?</td><td>学生在老师的引导下，基于已有的知识经验，进行关于季节的话题讨论</td><td>教师观察学生参与交流的情况，及时引导和鼓励</td></tr>
<tr><td colspan="4">设计意图：歌曲导入既活跃课堂气氛，又激活旧知，引入主题，为复习课的学习做铺垫，一举两得</td></tr>
<tr><td rowspan="2">Step 2
Review</td><td>1. Look at the pictures and guess the seasons</td><td>学生观察图片获取关于季节的关键信息，联系实际生活进行竞猜。</td><td>教师聆听学生的回答，适时启发和引导。</td></tr>
<tr><td>2. Listen and read the words of seasons</td><td>学生听录音模仿、跟读，感受纯正的语音语调，培养良好的语感。</td><td>教师在学生跟读时聆听学生的发音，及时指导及肯定。</td></tr>
</table>

续 表

教学步骤		学习活动	效果评价
Step 2 Review	3. Look and guess Look and guess 看物品猜季节	学生根据所给季节相关图片信息说出对应的季节	教师聆听学生季节单词的发音是否准确，根据需要进行指导
设计意图： 在本环节针对学生的生理、心理特点，设计形式多样，符合学生认知规律的游戏活动巩固季节单词，这样开放式的设计不仅调动了学生的学习积极性，激发了学生的学习兴趣，也培养了学生的发散性思维，起到承上启下的作用			
Step 3 Practice	1. Talk about the colors of the four seasons T: The colors are different in the four seasons. （1）Let’s sing: Colors in the four seasons （2）Read and match 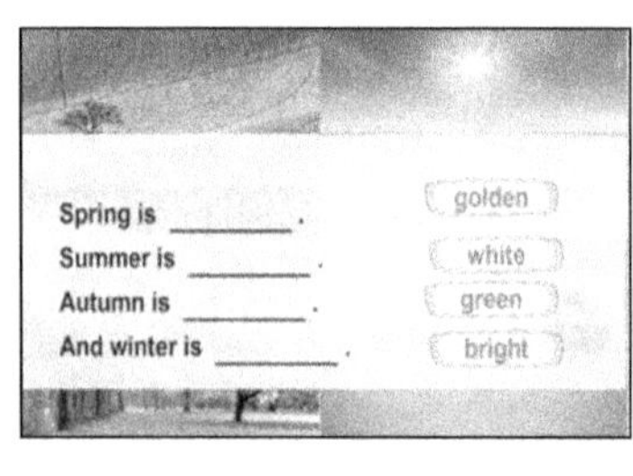	学生先跟着视频动画演唱歌曲，之后根据歌曲内容进行词句配对，感知四季颜色之美，巩固表达四季颜色的单词和句型	教师和学生一起演唱歌曲，利用希沃白板拖拽功能引导学生上台选择正确的答案，观察学生表达是否准确
设计意图： 引导学生演唱描述四季颜色主题的歌曲，教师根据歌曲中的内容提问，启发学生已有的认知，激发学生思考和表达的欲望，学生在律动的旋律中理解和学习关于四季颜色的表达			
Step 3 Practice	2. Talk about the weather of the four seasons T: The weather is different in the four seasons. （1）Read the words of seasons and weather	学生以小组为单位，以学生之间互问互答的方式复习和巩固所学单词和句型。	教师关注小组成员合作学习的情况，通过提问检验学生对季节和天气单词和句型的正确运用。

续 表

教学步骤		学习活动	效果评价
Step 3 Practice	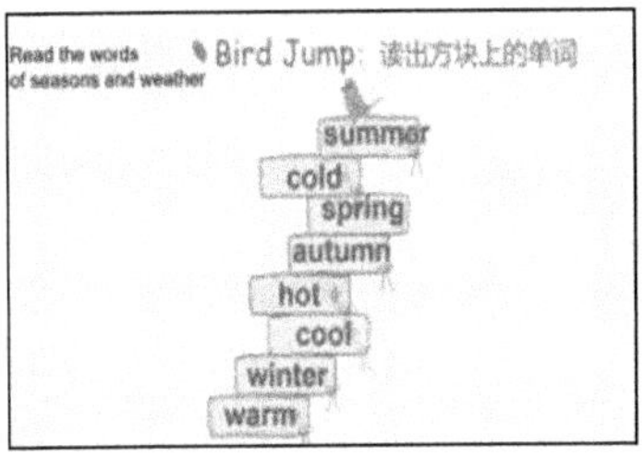 （2）Look and say：What's the weather like? 		教师关注学生说唱小诗的情况，关注学生参与活动的兴趣和投入程度，给予适当鼓励。
	（3）Let's chant 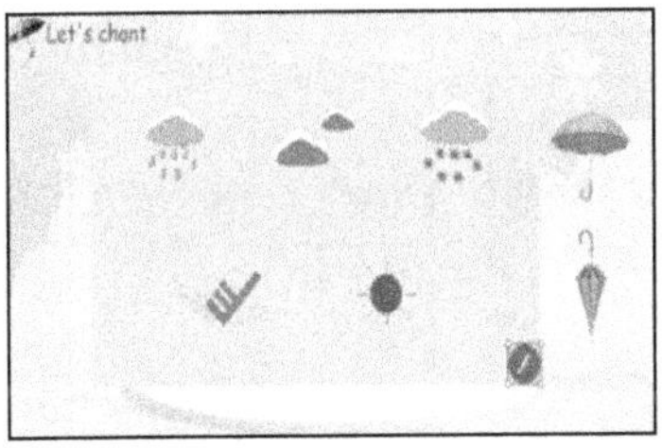	学生在肢体语言的帮助下，用chant快速复习天气单词，感知、理解句子语境中单词的意义。	
	（4）Classify the words of seasons and weather 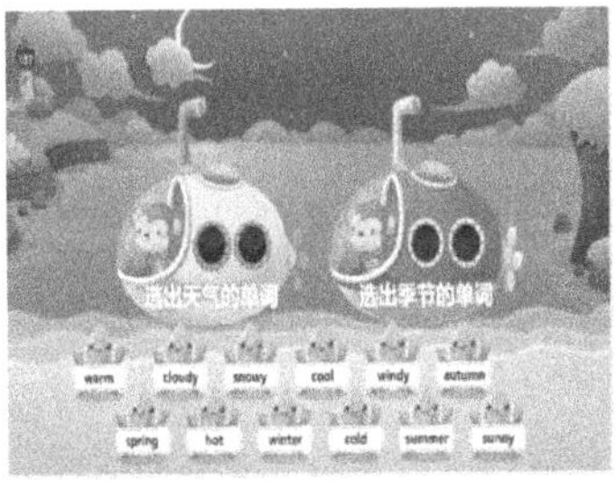	男女生分组竞赛，把季节和天气单词分类。	利用希沃白板设计单词分类游戏，学科教学和信息技术深度融合，将评价以游戏方式呈现，激发学生学习热情。
	（5）Ask and answer：What's the weather like in...? It's...		

续表

教学步骤		学习活动	效果评价
Step 3 Practice	    A: What's the weather like in spring? B: It's warm and windy. A: What's the weather like in summer? B: It's hot and sunny. A: What's the weather like in autumn? B: It's cool and windy. A: What's the weather like in winter? B: It's cold and snowy.	先让学生小组内根据直观的四季天气图片进行问答，然后随机抽取四位同学上台，全班同学提问，他们回答并把天气单词卡片贴到黑板上对应的季节下方。	教师巡视了解学生在小组内的口语表达情况，指导学生上台边回答问题边把天气单词图片贴在季节下方，完善思维导图的构建。
	(6) Listen to the chant and match 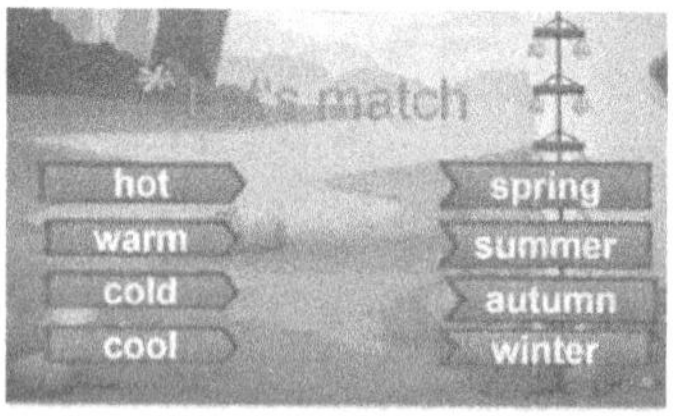 Let's match hot warm cold cool spring summer autumn winter	学生聆听关于四季天气的小诗，根据小诗内容进行四季天气和季节单词配对连线。	教师观察学生是否能够理解小诗内容，获取核心词汇，进行单词匹配。
	(7) Turntable game: What's the weather like in...? It's...	学生转动转盘，感知多姿多彩的自然世界，进行季节天气问答，在互动中获取信息，巩固旧知。	教师检测学生口语表达能力，提高学生的课堂参与度。

<table>
<tr><th colspan="2">教学步骤</th><th>学习活动</th><th>效果评价</th></tr>
<tr><td>Step 3
Practice</td><td></td><td>学生同桌之间问答，进一步熟练四季天气的单词和句型</td><td>教师引导学生主动参与问答，观看四季图片，感受四季魅力，提升情感体验</td></tr>
<tr><td colspan="4">设计意图：从谈论四季的颜色到四季的天气，符合学生的认知规律。通过创设贴近学生生活情境的操练活动，利用希沃白板丰富教学内容和形式，学生在说一说、唱一唱、猜一猜、贴一贴、玩一玩的活动中既进行了综合语言训练，又体会到了学习的乐趣</td></tr>
<tr><td>Step 3
Practice</td><td>3. Talk about the activities we can do in the four seasons
(1) Listen and repeat the phrases
(2) Look and say the words and phrases
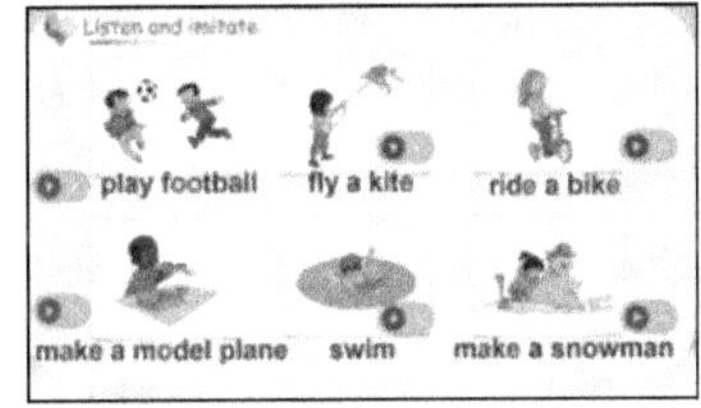

(3) Ask and answer: What activities can we do in the four seasons?
What can we do in spring/summer/autumn/winter?</td><td>学生听音朗读关于活动的单词，根据图片快速说单词，然后和同桌进行问答
谈论在四季可以做的活动，操练单词和句型。最后请四位同学上台根据提问把活动单词卡片贴在对应季节下面</td><td>教师根据不同能力水平学生朗读单词的情况给予肯定和帮助。
教师观察学生能否根据提问正确表述可以在四季做的活动，找到对应的活动图片完成思维导图</td></tr>
<tr><td colspan="4">设计意图：从谈论四季颜色、天气到谈论可以在四季开展的活动，围绕本课主题和核心句型继续开展有效的听读活动，思维导图帮助学生深入理解主题，完善表达</td></tr>
</table>

续 表

教学步骤		学习活动	效果评价
Step 4 Production	1. Listen to the dialogue and answer questions : What's Lily's favourite season ? T : Lily's favourite season is spring. What's your favourite season ?	学生通过聆听对话了解Lily喜爱的季节，在老师的提示下理解谈论自己喜爱的季节可以表述相关的内容。	教师观察学生的反馈，通过提示、追问等方式引导学生从谈论 Lily喜爱的季节到谈论自己喜欢的季节。
	2. Look and say your favourite seasons		
	3. Read in pairs	学生与同桌一起互帮互助分角色朗读，感受语言，进一步熟练所学知识。	教师观察学生朗读的语音和语调，适当指导。
	4. Ask four students to talk about their favourite seasons		

续表

<table>
<tr><th colspan="2">教学步骤</th><th>学习活动</th><th>效果评价</th></tr>
<tr><td rowspan="2">Step 4
Production</td><td>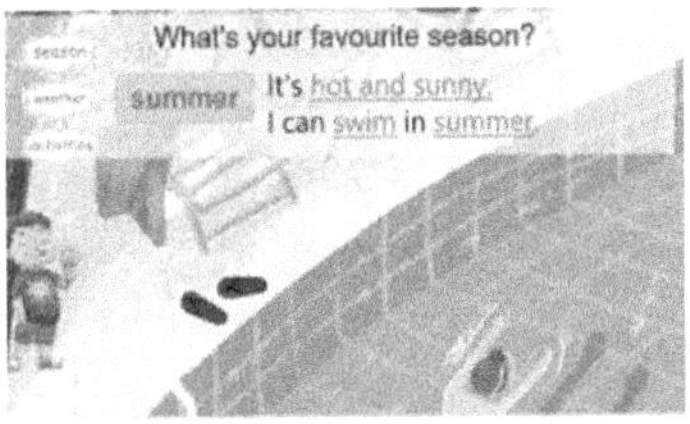What's your favourite season?
summer
It's hot and sunny.
I can swim in summer.
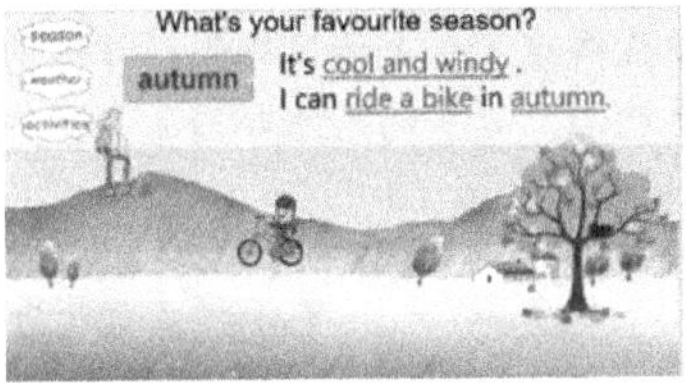What's your favourite season?
season
weather
activities
autumn
It's cool and windy.
I can ride a bike in autumn.
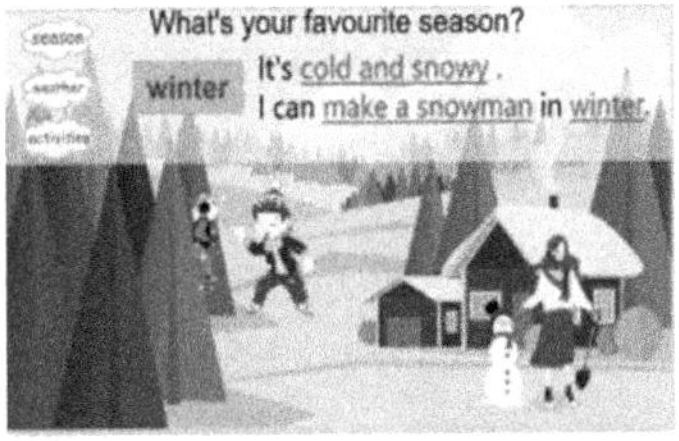What's your favourite season?
season
weather
activities
winter
It's cold and snowy.
I can make a snowman in winter.</td><td>学生借助板书上的思维导图和核心句型描述自己喜爱的季节，通过合作交流，他们将新旧知识融会贯通，内化并输出。</td><td>教师通过思维导图引导学生回顾整个教学过程，将本课的教学进行整理概括，强化知识重点。</td></tr>
<tr><td>5. Make a survey
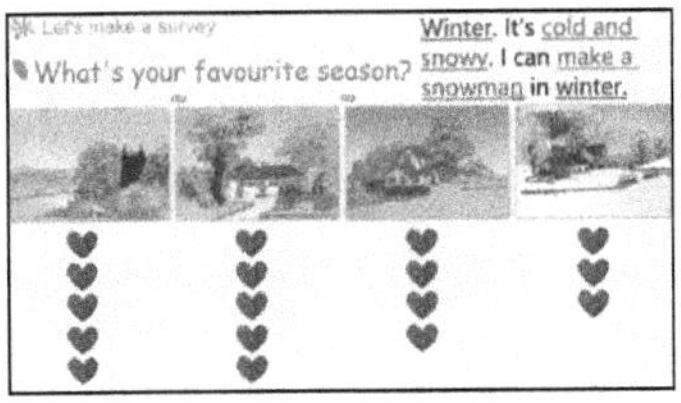Let's make a survey
What's your favourite season?
Winter. It's cold and snowy. I can make a snowman in winter.</td><td>学生先在小组内调查各自喜爱的季节，接着展示对话，在喜爱的季节下面加爱心图案</td><td>教师观察学生小组调查情况，利用希沃白板的蒙层功能在学生喜爱的季节下展示爱心图案，同学们的喜好一目了然</td></tr>
<tr><td colspan="4">设计意图：通过问题导入，小组内调查各自喜爱的季节。教师在教学过程中引导学生关注核心内容，帮助学生理解、内化、建构语言框架，学以致用</td></tr>
</table>

续 表

教学步骤		学习活动	效果评价
Step 5 Summary and Homework	1. Talk about your favourite season with your family My favourite season is______. 2. Draw a mind map about your favourite season and share it with your family	学生选择其中一项作业完成，和家人谈论喜爱的季节或画关于自己喜爱季节的思维导图	教师给学生示范口语表达的要求和说明思维导图的创作方法
设计意图：分层布置作业，选项1：给学生搭建了一个语言框架，让他们根据框架来描述自己喜欢的季节；选项2：让学生画自己喜欢季节的思维导图。分层作业的设计关注了不同学习能力的学生的学习需求，使教学更有效			

五、板书设计

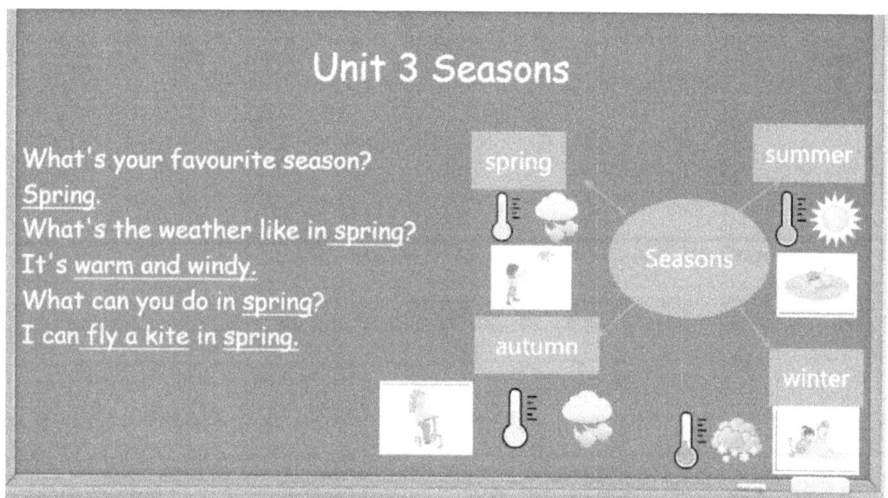

六、教学反思

（1）围绕话题巧妙设疑，激发学生思维。本单元中心话题“季节”和学生的实际生活息息相关，基于单元中心话题，立足教材文本，让学生在有趣、有效的活动中，感知、学习和巩固新的语言知识，理解文本内涵，初步运用重点单词和句型进行语言输出。引导学生发现生活中的英语，将英语学习和现实生活紧密结合起来，使英语学习活动因富有生活气息而充满生机和活力。同时，每个教学环节用不同的问题串联起来，所有的教学步骤由不同的思考方式引发，学生在老师的问题中得到的是“多学”的内驱力和“多思”的空间。

（2）整合信息技术，提高课堂实效。抓住本课重点内容，整合信息技术和英语学科，创设有利于学生理解和学习的教学情境，优化整合教材资源，引导学生通过观察、参与、比较和归纳等方式学习英语。希沃白板的辅助功能反馈及时、高效、清晰，给学生耳目一新的感觉，提高了课堂实效。

（3）运用思维导图，提升学生语用能力。在教学中，运用思维导图引导学生学习，在学习过程中形成的思维导图能够帮助学生理清思路，为之后的英语输出提供语言支架。让学生上台描述自己喜欢的季节天气和可以在这个季节做的活动，在黑板上贴对应季节的天气和活动图片来完善思维导图，有了足够的语言输入和清晰的示范，学生能够积极踊跃进行语言表达，从而提升学生的综合语言运用能力。在老师的引导和思维导图的帮助下，学生对文本的探究由浅入深，逐步突破教学重难点，内在潜能得到激发，从而提高了课堂效率。思维导图将文本内容的关键词句清晰呈现于黑板上，方便学生复述文本，切实体现板书的语义功能，辅助学生课后复习，为课堂教学效果增色。

不足之处：由于本节课活动较多，最后的拓展活动显得较为仓促，没有达到预期的效果。另外，在课堂上对学困生还需要多一些的关注，因此，在今后的教学设计中要进行充分预设，充分考虑不同学习程度学生的认知水平，以及课堂上可能会出现的问题和应对策略。

学员教学论文

关注文本处理方式，提高小学生英语语用能力

珠海市斗门区第二实验小学 赵 刚

笔者对众多小学英语阅读课进行了观察与记录，发现众多教师都很重视阅读课。他们采取不同的方式进行处理，训练语言能力。但总体来说，以下三种方式居多，成为阅读教学的主要处理方式。关注阅读文本的处理方式，通过巧妙设计问题，使学生在阅读中体验情感，训练语用能力，同时兼顾思维激发、信息扩充，从而达到提高小学生英语综合语言运用的能力。

一、采取总—分—总的形式，以问题或任务推进内容学习

这是在语文学习中经常用到的方法，也是小学英语阅读课上最常用的一种方式。

【案例】有如下对话文本：

Dad& Mum：Children，let's go to the Nature Park!

Brother & sister：Nature Park?

Dad & Mum： Yes! There are many trees and flowers in the park.

Brother： Is there a mountain in the park?

Dad： Yes，there is. We can climb the mountain.

Sister： Mum，is there a lake in the park?

Mum： Yes，there is. We can go boating there.

Dad & Mum： And there is a forest，a hill and a river in the park，too.

Brother & Sister： Wow，how nice！ Let's go！

刘飞雪老师曾经获得全国小学英语第二届优质课比赛一等奖，他在处理这篇对话的语言信息时，设定了三个步骤。

第一个步骤是学生听一遍原文录音，设置一个问题：Where do they go？用以先初步解决粗略信息问题，即skimming。

第二个步骤是设定了一个任务 Listen，read and choose。（ √ ）

	Yes.	No.
（1）Is there a mountain in the park?	□	□
（2）Is there a lake in the park?	□	□
（3）Is there a forest in the park?	□	□
（4）Is there a river in the park?	□	□
（5）Is there a hill in the park?	□	□

用以学生通过scanning，获取细节信息。

最后一个步骤是设定另外一个任务Read and match，用句与图的配对，判断学生对文本信息的理解程度。（图3–2）

What can we do in the Nature Park?

We can climb the river.

We can go boating on the forest.

We can play hide–and–seek in the mountain.

We can have a picnic beside the lake.

图3–2

【评述】这种处理方式是通过三个步骤，pre–reading，while–reading和post–reading，是对语言信息的粗略处理，到细节处理，再到总体情感或语言能力的沉淀。在pre–reading部分一个最重要的目的是背景上的介绍。While–reading是学生自己阅读的环节，让学生去理解关键信息。为了达到这个目的，要让学生在阅读的过程中边读边完成一些任务，比如一边读一边填写表格、完成图形或者摘录信息等，提高阅读技能，掌握阅读方法。Post-reading是读后理解性的检测环节，通过一些明确的任务来check学生的思维和对整篇文本的整体理解。

学生通过这三个步骤就能明确获得文本信息，并能有效获得阅读文本的方法，提高阅读理解的能力。

二、采取词—句—篇的处理方式，以语言功能的增加来推进语言功能学习

【案例】在单元整体设计研讨课中，罗照琴老师在处理上海牛津教材五年级My friends一课教学时，课文内容如下。

I'm Kitty. I have a friend. Her name is Alice. She's clever. We're in the same class.

We both like sport. I like playing table tennis and Alice likes playing volleyball. We both love animals. I have a cat and Alice has a dog.

We both like helping people. We sometimes help old people cross the street. We also help them carry heavy bags.

We like each other. We're good friends.

她设定的语言技能目标为能正确朗读并能初步理解核心词汇class，same，both，heavy，clever等。能够正确朗读主体文本，通过主体文本的学习，能够正确口头叙述I like... Alice likes ... We/They both like...

Pre-task阶段，与学生就第一课时学习的故事Oliver's friends进行简单交流，提炼出Friends can make us happy。设置Kitty，Does she have any friends？的悬念，通过图片、文本内容和PPT的展示，让学生在具体情境中感知理解same，both等核心词汇。

在While-task阶段，让学生带着Who's Kitty's good friend？Why are they good friends？这两个问题，观看视频，整体感知文本内容。通过继续提问What else do they like？What sport does Kitty/ Alice like？What else do they both like？How do they help people？引导学生去阅读、思考。圈出关键信息，最终体会Kitty and Alice are good friends. Because they are the same志同道合的友谊。

在post-task阶段，从文本的阅读、转述以及情感体验中，How about you and your friend? 利用PPT呈现给学生的句型结构和相关信息，让学生尝试描述Talk about your good friend来check文本的语用功能和语义体现。

________ is my good friend.

Because we have ________hobbies.

I like ...

He / She likes...

We both like ...

...

We like each other.

【评述】这种处理的方式，就是从单词、对话入手，通过对情景的描述，对主体情境进行学习和了解，逐步扩大语言信息量，产生语用需要，进而进行文本学习与体验。在文本学习中积累词汇、在语境体验中感悟情感、在语用螺旋上升中提高语用能力是单元整体教学设计中的一种方式。这节课是在整个Friend主题下的My Friends这一话题的学习，是对前一节课Oliver's Friends的沉淀式学习，是对后一节课的Our Friends的积累式学习，这种提供给学生思维、巩固和运用新语言的机会，为学生语用能力的递进提供了平台。

三、采取辅助文本—主体文本呈现的方式，以信息量扩大来推进语言运用能力

【案例】获得安徽省小学英语优质课比赛一等奖的刘峰老师在处理上海牛津教材四年级英语故事The mouse and the lion一课中，通过再构文本的学习，在语境中理解词句，积累语言。

在Pre-reading阶段，先与学生谈论有关朋友的话题：Do you have friends? Who's your friend? Can you tell me something about your friend? 然后围绕主题“Friends”，将已学句型融入猜谜的文本中，将已学的词句在一定的语境中进行复习，增加了学生的语言实践量。使用了2则谜语：

It is small and lovely.

It has two long ears and a short tail.

Its eyes are red.

It is big and strong.

It has two big ears and a long nose.

It likes eating bananas.

来阅读猜测小动物。再用1则类似文本：

It’s small and lovely.

It has small teeth and long tail.

It is scared of cats.

来学习描述小老鼠、大狮子。

在While-reading阶段，整体呈现故事，再引导学生理解体验关键信息，最后发散学生思维。外形差别这么大的狮子和老鼠，Can they be friends？让学生带着这个问题看故事的卡通，对寓言故事有一个整体感知。再进一步提出问题：How can they be friends？引起学生思考、探究。

A：What’s in the net?

B：Theis in the________.

A：Oh，no！Get out! Get out!

B：The can .

通过辅助文本和PPT的展示，让学生在具体情境中感知理解net，get out等词。故事中小小的老鼠之所以能咬破狮子身上的网救出狮子，是因为它有锋利的牙齿。并通过诵读故事：

Who has sharp teeth?

The mouse has sharp teeth!

Who has sharp teeth?

The shark has sharp teeth!

来巩固所学知识，同时发展其运用发音规律的能力。

在Post-reading阶段，整体呈现了再构的主体文本，学生模仿故事中人物的不同语音语调，绘声绘色地表演。并请学生以狮子的口吻复述故事：

Hello！I’m Mr Lion. I’m big and strong. I have big teeth. Look! This is Mr Mouse. He is small. One day，I’m in the net. I cannot get out. I’m afraid. Oh，who can help me？Mr Mouse comes. He has small but sharp teeth. He can help me. I can get out. We're happy. Now we are good friends.

提供给学生思维、巩固和运用新语言的机会，为学生能力的递进提供平台。

【评述】这种处理的方式，就是利用若干个小文本作为辅助文本，在主体文本呈现之前，进行核心词汇及句型的学习。在主体文本学习过程中，由于扫除了意义障碍，文本的学习变得一气呵成，情感体验也就有了真实感。在之后的辅助文本运用中，扩大信息量与check功能，提升语用能力。

众多教师在阅读课中，关注处理方法，但忽视了文本本身的处理和语言功能的推进。笔者以为，通过阅读文本的关注，即对语义、语用的关注，针对性强，更加突显语言功能，将阅读文本中的人文性及语言本身的工具性合体，会更加提高阅读的效率。

参考文献

［1］中华人民共和国教育部. 义务教育英语课程标准（2022年版）［M］. 北京：北京师范大学出版社，2022.

［2］Tricia Hedge. Teaching and learning in the language classroom［M］. Shanghai：Shanghai Foreign Language Education Press，2003.

小学英语单元整合中的阅读教学探究

阳江职业技术学院附属实验学校　黄俏华

在小学英语教材中每一个单元都是由多个板块组成的，这些板块之间形式各有差异，但是却都基本围绕固定的单元主体来开展，是一个有机的整体。从目前的小学英语教学课堂来看，单元之中的每一个板块教学都异常精彩，充满着教师的智慧与创新。但是，这些单元之间的教学却存在一定的本位思想，全局观念比较缺乏。倘若教师在教学的时候可以将整体教学思想融入进去，那么很多问题都会迎刃而解。所以，以下将对单元整合之中的阅读教学思路进行分析。

一、单元整合的意义

（一）进一步优化阅读教学程序

实施单元整合之后其教学思维能够给学生提供相应的阅读背景，从而促使学生在相关主题性氛围之中开展相应的教学活动，从而将阅读内容之中潜在的背景传递给学生，最终确保学生自身在英语阅读技巧以及语言情境的作用下可以主动投入阅读学习之中。目前，大部分的英语教材其单元内容都是根据相应的规律组合而成的，按照其单元板块内容进行阅读教学，可以确保教学可以从浅入深、从难到易，最终完成相应的阅读教学目标。这一方式可以更好地培养学生的阅读能力，并帮助学生掌握相应的阅读技巧，最终达到教学目的。

（二）给予学生主体地位充分的尊重

在单元整合下实施英语阅读训练可以进一步提升学生学习英语的应用性和整体性，促使学生在关注基本词汇与短语学习的基础上，自主进行英语文章的阅读训练。单元教学基本都是根据相应的主题进行的，所以很多教师在教学的时候会给学生提供一些更加生活化并与主题相关的阅读内容，这样就可以进一步促进学生学习兴趣的提升。另外，学生在实际单元阅读活动之中还可以充分围绕自身的情感体验和对单元内容的认知与理解参与到阅读活动之中。教师在设计阅读教学时从整体出发，注重学生的实际需求，从而便能设计出更加科学合理的教学内容，最终在帮助学生分清单元思路的基础上，真正实现以学生的实际需求为前提的阅读教学。比如，在实际教学的时候，教师可以从主题入手，然后以具体话题为基础，将教材之中的潜在内容挖掘出来，从而最大程度上激发学生的阅读兴趣。

二、单元整合下的教学原则

（一）注重单元之中的语言要点

教师在实施单元整合阅读教学的过程中，必须要确保阅读教材之中完全复现了单元之中的语言知识要点，从而在提升学生阅读能力的过程中，还可以有效提升英语知识水平。只有将阅读教学本身对于单元重点内容的承载特点体现出来，才可以进一步促进学生在实际语境之中掌握相应的知识内容，并且最终在具体语言环境之中有效解决在实际运用语言知识之中的困惑，从而起到阅读教学与课堂语言教学相互发展、相互促进的作用。

（二）注重提升教学的实践性

在小学英语单元整合实施英语阅读教学就一定要将阅读教学的实践性提升上去，在单元训练过程中将其“读”的领导作用充分发挥出来，从而促进学生综合能力的进一步提升。比如，在单元整合阅读训练的时候和其他一些训练同时进行，在同一个阅读主题之下，教师就可以通过“读”的方式来帮助学生获得更多的信息，并由此激发学生的发散性思维，提升学生在课堂上的表达欲望，使其在潜移默化之中学会使用口语表达，最终有效提升朗读和写作能力。教师在综合性单元教学过程中可以将游戏、故事讲述等手段充分应用进去，给学生带来更多创新性的阅读任务，从而提升学生的主动性。

三、单元整合下阅读教学对策

（一）实施探究式的阅读教学活动

学生是小学英语单元整合教学的主体，所以只有让学生自主开展相应的探究式阅读活动，才可以进一步提升学生收集阅读素材的能力和综合阅读能力，最终达到全面掌握英语语言知识的目的。所以教师在开展教学活动的时候就需要在单元整合教学过程中应用探究式的教学手段，并在任务指导的作用之下，引导学生去自主整合单元之中的各项知识内容，使学生在师生互动过程中提升自身的阅读能力。比如，在给学生教授What would you like？的时候，可以让学生收集一些有关饮食误区的阅读素材，比如beef，potato，fish以及ice cream等系列食材，让学生在自主阅读之中开展相应的探究活动，最终在促进学生主动提炼观点的过程中，帮助学生掌握相应的阅读技巧。

（二）给予相应阅读技巧的指导

将阅读教学任务、阅读方式等内容结合进去才可以有效提升学生的阅读技巧及效率，帮助学生树立良好的阅读自信心，最终深刻记忆和理解阅读内容。其中需要在整合单元内容的基础上，使学生明确阅读的主题，让大家自主收集相应的阅读素材，最终加深对主题的印象。不仅如此，教师还需要有效总结学生的观点，并以阅读内容为基础，引导大家进行讨论，注重对课文内容的解析，从而提升阅读能力。比如，在给学生教授Last weekend的时候，教师可以以How was your weekend？来引导学生进一步深入理解It's...What did you do？这类句型，学会but/why等词汇，最终提升学生对于一些阅读长句、难句等句型的掌握情况，并达到灵活运用的目的。

（三）进一步创新阅读教学方式

为了进一步提升学生的阅读能力，教师在单元整合之中还需要应用一些创新型的策略，除了要帮助学生深入理解教材内容之外，还要挖掘一些相应的教学资源，在掌握教材内容的基础上，提升阅读教学的创新性。比如，在给学生教授What's she like？的时候，先必须明确其教学重点在于要充分掌握hard-working/young/helpful等词汇，然后教师再应用Meet Robin的阅读素材，引导学生去设计自己的机器人，并使用本节课的重点词汇去对个性特征进行描写。另外，教师还需要围绕一些关键词汇，进行情境表演，促进学生对阅读内容的掌握，达到一定的阅读教学目的。

四、结语

阅读目前是英语教学的重点，所以就需要教师在教学的时候将小学英语教材整合起来，实现教材内容和课外阅读素材之间的有效联系，从而全面提升小学英语教学的有效性。

参考文献

［1］吴贵华. 小学英语单元整合教学中的“玩”与“学”［J］. 新课程（小学），2014（8）.

［2］王实. 核心素养下小学英语单元整体教学探究［J］. 新课程（中），2018（10）.

［3］单秋红. 小学英语单元整体教学的阅读教学研究［J］. 新课程（小学），2015（12）.

［4］阮慧芳. 小学英语阅读教学的探究与实践［J］. 校园英语，2018（9）.

如何提高小学英语单元主题复习课效率

阳春市春城街道第一小学　黄壬贵

人教版小学英语教材编写体系以话题为纲，以交际功能为主线兼顾语言结构，逐步引导学生完成有意义的语言活动。在小学英语复习课教学中，很多教师习惯将知识零散地罗列出来，让学生去重新理解与认知，这样会让学生对知识失去兴趣，也会导致学生很少关注英语知识之间的联系与逻辑，这对于学生的长远发展非常不利。在复习阶段，单元主题引领至关重要，根据主题融整内容，开展基于主题语境的单元复习教学，培养学生归纳迁移能力，学生在老师的引导下构建知识体系，学习效率将会得到更大的提高。

一、遵循教材逻辑，根据主题编写单元复习课文本

人教版教材每个单元内容主要有对话、词汇、读写、故事四大板块，每个板块基本以一种语言技能活动为主，兼顾对其他技能的培养。在单元主题复习教学过程中，教师需要遵循教材逻辑，根据主题编写文本。编写文本的原则首先要纵向看教材单元内容的编排，激活相关语言知识点，要在话题转换、主题深入方面体现主题内容。其次还要横向看单元板块内容的编排，串联融整语言知识点，要在话题认知、语言知识梯度性体现主题内容。教师需要明确，每个单元内的各个知识点之间的内在联系，根据联系编写单元主题复习课文本，让学生综合运用单元重点内容。

（一）纵向看教材单元内容的编排，激活相关语言知识点

以人教版PEP下册Unit3 Where did you go？这一单元的内容为例，首先明确本单元的重点内容：学生能够听说读写Where did you go？How did you go there？What did you do？Did you...？Yes，we did. No，we did not. Sounds great!等内容，而教学难点则是学生能够在实际中正确地运用特殊疑问句。本单元的主要词汇有bike，horse，camping，fishing，hurt等，把本单元的重

点词汇与句子整理起来后，教师可以根据其中的内在联系，编写出门旅行的文本，纵向把以前学习过的节假日、交通方式、天气、动词词组等知识编写进文本中，激活学生知识，提升单元主题复习课效率。本课学习从My Last Winter Holiday文本编写开始，设计如下：I went to Hainan by train. I went camping with my family. It was cold outside. I went fishing. But I didn't get any fish. I rode a bike. I fell off my bike and hurt my foot. I had to stay in the hotel. My family dressed up and made a funny play. That was fun. We laughed and laughed. I had a bad holiday but also a good holiday.

在学习完My Last Winter Holiday后，再引出学生学习Chen Jie's Last Winter Holiday，文本可以通过图片引导学生说出来（图3–3）。

图3–3

Chen Jie had a good winter holiday. She went to London by plane. It was very cold in London. It snowed. It was white everywhere. She made a big snowman. That was fun. She bought many gifts for her friends，too. She stayed in London for a week. She had a lot of fun there.

两个文本学习后，最后以学生自己的假期为输出篇章让学生进行写作，根据纵向编写了新的文本，完全激活了学生的语言知识点。

（二）横向看单元板块内容的编排，串联融整语言知识点

继续以人教版PEP下册Unit3 Where did you go? 单元主题复习课为例。教师要纵向看教材内容，同时还要横向看单元板块内容，串联融整单元语言知识点。以上文提到的My Last Winter Holiday和Chen Jie's Last Winter Holiday两个文本为例。教师首先引导学生利用一般过去时特殊疑问句进行问与答，让学生带着问题去捕捉关键的信息；其次让学生归纳动词的过去时以及其不同的变化规则；最后总结文本中出现的过去时的词组。学生通过两个文本可以更灵活地掌握单元的知识，从而引导学生以自己的假期为输出篇章进行巩固和运用。学生对于一般过去时的学习将会得到全面的巩固和提高，不但激活了旧知识，而且学会了灵活运用新知识，大大提高了复习课效率。

二、以语用能力为目的，开展主题语境的复习课教学

在单元主题复习课的教学设计中，以语用能力为目的，设计与主题相关的语境，促使学生语用表达。

以人教版PEP下册Unit4 Then and now这一单元为例，教师在带领学生复习时，可以依据主题给学生创设相应的语境，让学生在具体的语境中，对本单元知识有明确的认知。本单元的重要内容是让学生学会运用there be这个句型，并对dining hall，gym，grass，years ago等词汇有比较深刻的认知。因此，可以创设这样一个语境："三天前，和朋友打了羽毛球之后，又去钓鱼了，在路上，你们看见了之前的幼儿园，跟现在相比有着比较大的变化。"那么用英语是否可以将语境中描述的内容表述出来呢？比如用there be这个句型去表达变化，像现在的幼儿园：there is a garden；之前的幼儿园：there was no garden。如此对比过程中，让学生对本单元的知识点的使用方法有更清楚的认知。

三、构建知识体系，培养学生归纳迁移能力

复习过程中，最为重要的是让学生对本单元所学习的知识有一个系统的认知，甚至对整个小学阶段知识体系有个完整的认识。通过单元整体复习，让学生依据自己对这些知识的理解，将其构建成一个个知识体系，学习将会变得更加轻松，同时也可以让学生真正感受到英语学习的乐趣。

（一）以朋友作为小学英语单元主题复习课知识体系

以人教版PEP上册Unit4 I have a pen pal为例设计单元主题复习课，根据内容确立Friends为单元复习主题。首先教师利用问句What are your hobbies?引出单元主要句型；其次转入教师本人信息，利用破冰来让学生提问题，教师自我介绍；再次引出教师本人笔友，给出笔友的一些信息，学生根据信息进行问答，完成教师笔友的思维导图；最后通过微课如何制作一本关于笔友

的微型书，同时利用板书设计指导学生进行写作训练。整节课设计可以将小学英语中关于朋友的知识点全部融合在里面，涉及的内容有人名的书写、国家、职业、外貌、性格、能力、爱好和梦想等。小学三年级开始进行描述一个人的外貌；进入四年级就是人物性格的描述；到了五年级加入了能力的展示；六年级是职业和爱好的学习。整个小学阶段的知识可以形成一个完整的知识体系，学生学会构建知识体系，将极大地提高学习效率。

（二）以时间作为小学英语单元主题复习课知识体系

以PEP人教版六年级下册Unit2 Last weekend这一内容为例，在复习过程中，教师可以将本单元的知识按照时间顺序串联起来，让学生明确本单元的知识点以及所要传达的基本知识内容，首先通过与学生谈论日期，让学生以今天为界去判定过去、现在与将来的时间概念；其次引导学生读一篇微博，通过时间发展顺序去陈述某一事件，学会用疑问句或者感叹句去丰富自己的知识内容，从而让学生对本单元的知识有更加深刻的了解与认知。这样一来，本单元内容的知识体系就建立起来了，在此过程中，教师带领学生将词汇、句子等内容填充进来，让学生能从yesterday到today到tomorrow，从morning到afternoon到night的时间顺序，以事件发展为主线进行学习，学生运用语言去描述，真正达到了复习目标。

构建知识体系明显提高了单元主题复习课的效果，学生更加容易运用已有知识进行梳理和总结，同时培养了学生对知识的迁移能力。

总体来说，要提高单元主题复习课的效率，教师要明确单元主题，遵循教材逻辑，根据主题编写单元复习课文本，引导学生归纳单元的知识重点，让学生能够明确复习中的重点内容，从而确保学生的学习行为可以做到有的放矢；以语用能力为目的，教师要设计与教材内容相关的语境，让学生在真实的语境中运用本单元所学知识；更重要的是，教师要引导学生构建知识体系，加深学生对知识的巩固与运用，培养学生归纳迁移能力，真正做到复习旧知识，拓展新知识。

参考文献

[1] 张园勤. 文本再构在小学英语教学中的实践与思考［J］. 中小学外语教学（小学篇），2010（9）.

[2] 张伟. 以学生为主体的小学英语主题单元教学研究［J］. 中小学外语教学（小学篇），2010（8）.

探究故事主题教学　挖掘学科育人价值

——小学英语“故事”主题单元整体教学案例分析

珠海市金湾区第一小学　李　凤

《义务教育英语课程标准（2022年版）》明确指出：“英语课程内容的组织以主题为引领，以不同类型的语篇为依托，融入语言知识、文化知识、语言技能和学习策略等学习要求，以单元的形式呈现。”笔者在实施粤人教版义务教育教科书六年级《英语》下册Unit6 A Long Journey to the West的单元整体教学中，紧紧围绕“名著故事”单元主题，以演绎故事、阅读经典、分享名著为教学主线，结合学生已有《西游记》中文版的阅读经验，引导学生基于故事对话、经典故事、名著简介等语篇内容进行学习活动和探究努力、互助、坚持的单元主题意义。

一、凝练单元主题，统领教学设计

本单元内容围绕四大名著之一《西游记》展开关于“ A Long Journey”的主题意义探究，涉及三个语篇的教学，包括一个故事对话、一个配图经典故事和一篇配图名著简介。语篇一是关于《西游记》（*Journey to the West*）师徒角色对话的戏剧。Tony，Jenny和Gogo一起表演了这个简单小故事，语篇形式为对话。语篇二是《西游记》中的经典故事“孙悟空三打白骨精”（Monkey King fights the White Bone Monster）。该故事的语篇形式为叙述文，深入探讨了角色的特征。语篇三是关于《西游记》整书内容的简介。语篇形式为叙述文，简单梳理了唐僧西天取经的全过程。根据教材提供的语篇内容，授课教师将本单元的主题凝练为“A Long Journey to the West旅程漫长，需要坚持努力”，并以此为基础拟定单课时子主题。整个单元将分为三课时完成教学：第一课时“演绎故事”Acting the story is fun快乐表演故事；第二课时“阅读经典”Reading the story is fun快乐阅读经典；第三课时“分享名著”Sharing the story is fun快乐分享名著。通过完成整个单元的学习，学生能够感悟“It’s a long journey. Keep on going. We can do it. 在漫长的旅程中，只有坚持我们才能做到！”的单元主题意义。

本单元的语言知识和技能的学习依托语篇渗透在主题意义探究的过程中，通过学习理解、应用实践、迁移创新等活动，由浅入深，理解性技能和表达性技能协同发展，形成主题式的结构化的知识框架Unit6 A Long Journey to the West 单元主题内容框，见图3-4。

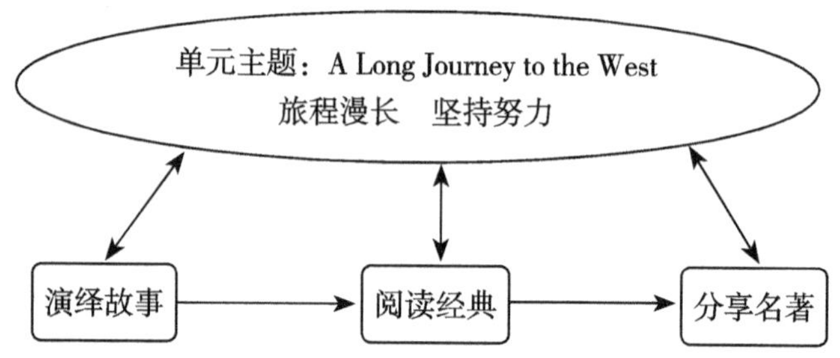

篇章一 演绎故事	篇章二 阅读经典	篇章三 分享名著
Putting on a play 能够在教师指导下借助图片、图像等读懂并理解故事对话；能够准确跟读音视频材料，能够提取、梳理、归纳主要的语言信息；能够进行简单的角色扮演，并运用所学语言与他人简单交流，模仿范例写出意思连贯的句子	Monkey King Fights theWhite-bone Monster 利用语篇的标题、图片等信息辅助语篇理解。体会《西游记》经典故事“三打白骨精”蕴含的寓意。能够借助语气、语调、手势和表情等推断说话者的情绪、情感、态度和意图。正确流利地朗读篇章，并有逻辑地讲述故事的主要内容	A Long Journey to the West 在老师的指导下，通过图片、歌曲、韵文等获取简单的《西游记》故事简介信息。能够围绕故事主题，在阅读的过程中有目的地提取、梳理所需信息；能够根据思维导图归纳整理复述故事，具有与同伴合作学习的愿望，乐于与他人分享阅读的感悟，懂得互帮互助，坚持努力的学习品格

It is a long journey to study English well.
We must work hard and never give up.
学好英语是个漫长的过程，我们必须努力而且永不言弃

图3-4

二、明确单元目标，导向育人价值

在“故事”主题单元的学习过程中，学生能够在教师的引导和启发下完成表演故事、阅读理解、分享观点等语言交际任务；能够理解故事对话中情态动词“must”的用法，正确使用动词过去时形态讲述或复述故事；能够围绕故事“西游记”相关主题意义，运用所学句型“It's ... I must ... ”模仿造句“It is a long journey to study English well. We must work hard and never give up”，表达自己的想法和观点；通过听、说、读、演等活动，能够感知和体验中国四大名著之一《西游记》的文化魅力；能够从语篇、听力文本、图片等资料中提取相关信息，了解中国名著的经典故事和主旨。学生在单元整体教学的课堂实施中通过预测、归纳、推理、模仿、表演等活动，与同伴合作、交流、学习；完成查阅资料、整理、绘制、分享“名著简介海报”的展示任务；在学习活动中积极思考，主动探究，愿意与他人合作，共同完成单元学习任务。

三、递进课时教学，构建育人蓝图

第一课时：Acting the story is fun，**快乐表演故事**

第一课时的教学目标是学生能够在看、听、说的学习活动中获取和梳理故事人物对话中的语言信息；在教师的帮助下，分角色进行对话，能够创新表演故事；通过视频资料，初步感知不同人物的角色特征，通过表演呈现其对语言意义的理解以及体验表演的快乐。

1. 创设语境，感知主题

播放歌曲*Journey to the west*，引导学生根据画面、歌词推测本课时教学的主题、语境以及主要信息。通过师生对话，带领学生进入故事《西游记》的主题语境，帮助学生了解、回忆与《西游记》相关的信息，感知故事中的优秀文化元素。

2. 推进活动，创新表演

通过视频呈现，指导学生整体感知课文对话的篇章结构和语言表述；利用画面配音，鼓励学生模仿标准录音跟读故事对话，并尝试根据故事画面、语音语调等信息推断语言传递的意义和情感；组织学习小组选取喜欢的故事片段，与同伴合作表演，尝试通过语言、表情、动作的传递信息，增强对主题意义Acting the story is fun的体验，并在表演的过程中体验到表演名著故事《西游记》的乐趣。

3. 拓展延伸，实践应用

利用图片创设情境，指导学生在适当的语境中运用“It's Monkey King. I must go.” “We are hungry. We must find some food.” “It's dark. We must be careful.”等语言知识进行表达。同时，鼓励学生发现日常生活的真实情景，实现语言真实运用。如“It's dark. We must turn on the light.” “It's cold. I must put on my cold.”等。学以致用的学习体验让学生成为意义探究的主体。第一课时板书设计见图3-5。

图3-5

第二课时：Reading the story is fun快乐阅读经典

第二课时的教学目标是通过阅读配图故事Monkey King Fights the White-bone Monster，学生能够理解故事大意；能够在教师的指导下梳理孙悟空三打白骨精的过程，通过语言反应、情感表达等因素体会不同人物角色的不同性格特征；能够辩证评价不同的角色，养成辩证思维的品格，体验阅读经典故事获取知识、锻炼思维的快乐。

1. 创设语境，感知主题

播放故事Monkey King Fights the White-bone Monster的视频，帮助学生回忆故事“孙悟空三打白骨精”相关的信息，带领学生阅读故事标题预测故事中的部分情节，理解fight的意思。如Does Monkey King often fight Monsters? Tang Seng always says “Don't fight”.

2. 阅读语篇，梳理故事

预设问题“Monkey King often fights Monsters to protect Tang Seng. Why does Tang Seng so angry this time? 孙悟空为了保护唐僧经常打妖怪，为什么这次唐僧却如此生气呢？”辅助图片，阅读故事语篇，在教师的指导下梳理故事的开始、经过和结局；在精读文本的过程中生成具有逻辑性的板书呈现白骨精“三变”，孙悟空“三打”，唐僧“三斥”的经典故事情节，尝试探讨产生矛盾的主要原因。

3. 评价人物角色，发展辩证思维

通过板书的呈现，引导学生发现产生矛盾的主要原因——孙悟空火眼金睛，看出三个平民都是白骨精的变身；唐僧没有法力，他只看到悟空打死了三个无辜的平民。小组讨论问题“What do you think of Tang Seng/ Monkey King？”通过开放性的提问激发学生自主表达观点和看法，引导学生辩证评价故事中不同人物的个性特征。第二课时板书设计见图3-6。

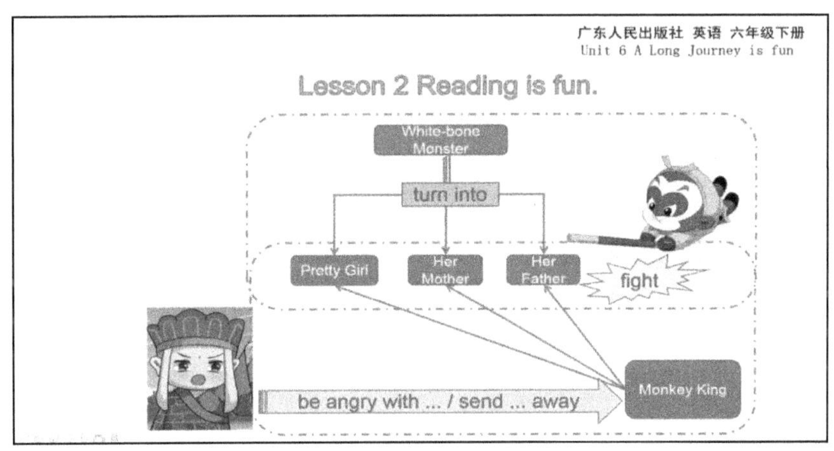

图3-6

第三课时：Sharing the story is fun快乐分享名著

第三课时的教学目标是通过阅读配图故事，理解故事大意；运用语篇中的核心语言work hard，help each other，keep on going描述勤奋、互助、坚持的品质，阅读故事，感受经典，获取知识，提升品质；通过分享阅读海报表达对名著的喜爱，传递阅读的快乐。

1. 情境导入，感知主题

播放歌曲*Journey to the West*带领学生演唱，利用图片和影像资源激活学生对经典名著的相关背景知识，并谈论《西游记》中的人物形象特征。尝试扮演自己喜欢的角色，用英语说一句故事中的对白、做一个故事人物常做的动作，让小伙伴猜测所演的角色。

2. 问题导向，构建思维

问题导向，驱动学生在阅读的过程中思考。如Q1：Who did Tang Seng meet on the journey to the West？Q2：What did Tang Seng meet on the journey to the West？Q3：They brought the books back to China. How could they do that？在听和读的过程中，根据上下文线索和非文字信息猜测词汇的意思；借助思维导图理解故事语篇，归纳故事的发生、经过与结局等主要情节；阅读理解语篇“名著简介”的主旨“A Long Journey to the West旅程漫长，坚持努力”，通过提取、梳理、归纳故事主要内容展开主题意义的探究。

3. 任务驱动，分享名著

在教师指导下，借助板书上的语言支架“思维导图”用自己的语言简单复述故事；能够模仿范文结构写出意思连贯的描述，自己对故事的理解和想法，表达对经典名著的喜爱；小组合作完成关于名著《西游记》简介的海报作品，讲好中国故事，传递中华文化。第三课时板书设计见图3-7。

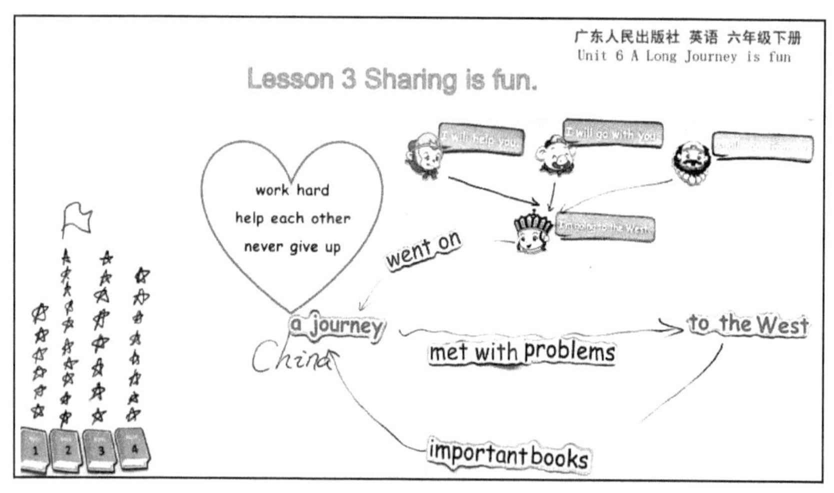

图3-7

四、“故事”主题单元整体教学的创新点

本案例的单元教学目标很明确，从发展学科核心素养出发，围绕单元主

题意义A Long Journey is fun展开探究与讨论，在不同语篇阅读中多视角了解名著故事角色的人物特征及故事的主旨；单元整体教学设计与实施具有强烈的主题性，各课时教学板块的内在联系紧密，教学主线清晰，贯穿教学全过程；教学活动平实有效，梯度递进，符合5—6年级学生的认知水平、思维特点和生活经验。

通过单元整体教学设计与实施，带领学生深入解读各个语篇，搭建具有整体性和结构化特征的内容框架图，建立单元主题和单课时子主题的关联，挖掘语篇中蕴含的育人价值。学生在“故事”主题意义的探究过程中，思考西天取经成功的艰辛与收获，形成积极面对困难的优良品质，感受中国文学作品的优秀文化。随着单元主题意义的不断深化，学生对中国名著的理解更深刻，对中国故事更喜爱，对故事人物的评价更辩证；获得知识，提升能力，发展思维，塑造品格，实现了学科育人的价值，促进了学生的全面发展，体现了语言学习和课程育人的融合和统一。

参考文献

[1] 中华人民共和国教育部. 义务教育英语课程标准（2022年版）[M]. 北京：北京师范大学出版社，2022.

[2] 王欣. 用英文讲述中国故事 寻找中华文化的根 [J]. 基础教育课程，2019（1）.

[3] 中国教育科学研究院基础教育课程教材研究中心组织编写，程晓堂主编. 义务教育课程标准（2022年版）课例式解读. 小学英语 [M]. 北京：教育科学出版社，2022.

基于单元主题复习研讨课的思考

——“话题式”主题复习课的模式特点与实践

珠海市斗门区井岸镇第三小学　黄海珍

提到复习教学课，对很多教师来说既熟悉又陌生。“熟”指的是教师以应付考试进行的复习教学，习以为常，往往把复习课当成是题海战术来进行，但这样的复习课模式往往忽略了培养学生自主学习、合作学习策略；"生"指的是要上好一节高效的单元复习课，教师不知道从何讲起，也没有适当的话题，不会设计有趣、创新的活动，很容易"炒冷饭"。"聚焦话题"教学法的倡导者认为，学习者如果表现出对相关话题或话题的关注和兴趣，就比较容易有使用新语言的愿望。教学过程要在教师的指导下围绕相关的主题合理地设计和组织教学，从而激发他们对这一主题展开学习和探究。广东省黄珍名师对单元主题教学做如下理解：单元主题教学（thematic teaching unit）也称作主题教学或主题式教学，是一种新的教学方式。它根据学生的身心发展水平和生活经验，以单元为主题线索，围绕一个具体的事物或观点，将多种形式、多种内容的教学材料组成一个完整的单元，通过语言材料的不断复现，引导学生通过多样化的教学活动，综合发展学生的听、说、读、写能力，将其内化为自己的语言能力，以实现单元教学目标。

传统英语复习课，大多以语法知识为主线，以"教师讲授—学生操练—练习反馈"为主要授课模式。"话题式"复习课，是以某一话题为主线，将话题有关的单词和句型有机结合，创设情境，开展不同层次的活动，再通过写作、练习输出语言，加强巩固。我通过查阅一些关于"话题式"教学模式的特点，再结合自己对这个主题的思考，觉得"话题式"教学模式有以下特点。

一、"话题式"教学模式的特点

1. 源于生活实践，实用性强

"话题式"复习模式将教材实用性强的内容创新性吸收，结合学生的生活实践加以二次组合、整合，为同学们提供一个真实的情境，让学生在情境中交际，在沟通中感悟语言，在合作中运用语言，在练习中掌握语言。我们设计的话题可以有很多：weather，shopping，trips等，这些都是和同学们平时的生活密切相关的。学生的思维随着话题的拓展而活跃起来，不经意开口说、大声说、大胆说，这样的课堂不会沉闷，学生会乐在其中，运用的语言越来越多了，能力也得到了提升。

2. "话题式"复习，生成性多

传统的复习课基本是教师讲，学生听，效率不高的课。一般是老师预设，学生在老师预设的一系列练习、训练题中被迫去记忆、背诵等，没有任何的创造灵感和思维跳跃。“话题式”模式也有预见性的，只不过生成性更强一些。学生可以围绕一个话题训练，他们的观点和表达是无法预知的，会比教师预设更多更广，特别是在写作训练时，学生要输出的内容远远不止本节课的单词和句型，可以有更多的深层性、可塑性的内容。

3. “话题式”教学，真实性高

“任务型教学”是《义务教育英语课程标准（2011年版）》所倡导的，课中为学生提供一个情景，让学生进行情景下的语言交流，增强学习趣味性，避免空洞、单调的语言学习。“话题式”教学是以结合我们自身的话题、环境等来开展活动，拓展文本内容，它真实性强，没有任何虚无之话。话题多数源自生活实际，源自学生的生活体验，他们会真切感受到在情景中语言的真实性，交流起来也不会无话可说。

二、“话题式”复习课的实践

1. 话题的确立

根据广东省黄珍名师工作室的安排，我承担了一节单元主题复习课的教学。话题以“Our trips”为题，围绕老师、学生的trips展开活动，这种话题学生非常喜欢，他们都会有话可说，有感而发。在设计过程中，我挑选了很多源于学生trip的相片和素材，自编语言材料，贴近学生生活实际，设计灵活多样的教学活动。采用多媒体课件辅助，任务式教学授课，有序高效地开展活动。这节复习课是以话题为中心，体验性强，学生耳目一新，教学效果较好。从简单的pair work 到复杂的speaking，writing，层层递进，一般过去时的语法训练也渗透到听说读写中去。

“Our trips”单元主题复习课教学过程

Step1. Preparation

介绍本地的著名景点，开篇点题“trip”。

Step 2. Presentation

呈现教师的美国之旅“my trip”，吸引学生的眼球之余，让学生通过听、看、想能够回答问题。一开始听课的老师都觉得10个问题有点多，怕学生记不住。但在听了第二次录音后，再结合图片的理解，学生很快就能回答这10个问题。因为学生的兴趣被激发了，正如教育家托尔斯泰说过："成功的教学在于激发学生的兴趣，因为兴趣是推动学生学习的强大动力，激发学生的兴趣是课程导入的关键。"因此从我自身的旅游经历谈起，学生觉得很吸引、很生动，再通过看视频思维被激发了，语言就自然而出。

Step 3. Activities

接着我给学生呈现了他们集体外出的一次旅游——长隆海洋王国。其中展示了他们不为人知的图片，他们边看边欢呼，余意未尽。这个环节采用了任务型教学，在看之前提出任务：根据图片及自身经历完成思维导图。学生模仿孙悟空，个个火眼金睛，眨也不眨。在看完所有的图片后，学生脑海里已经有了初步的勾画。我引发了话题"our trip"，学生思潮不断，下笔极快。在展示他们的作品——思维导图时，我也深深震动。学生用很多生动的语言表达了他们对这个话题所想到的所有事情，虽然有些单词和语法上的错误，但他们的思维导图足以说明这个话题在他们心中已经根深蒂固，随口可说，也可以说这种教学模式已经成功了。

Step 4. Writing

谈到写作，教师很头痛，学生也很怕。如果没有例文，有些学生一句话也写不出来。这是教学中常见的问题，也是困扰老师们的难题。本节课我让学生进行了写作Those days that we had together，通过旅游这个话题引发了学校的校园生活也是人生的旅程。我播放了三年中他们和老师度过的许多精彩片段，从学生的眼神中看到他们不仅有惊喜、感动，更有怀念。抓住第二个拓展的话题，我让学生进行了笔头练习——写作。有些学生写了一件自己难忘的事，有些学生写了与老师一起难忘的经历，有些学生写了视频中没有出现的事情。学生通过这个话题表达了自己内心的想法，通过一些词汇完整地用句子表达，知识得到了有效的输出。"话题式"复习课堂写作课对学生不是一件难事，学生通过已经具备的一些词汇和句型为写作的输出奠定了基础。

Step 5. Consolidation

课堂的高潮是展现学生的班主任和他们一起度过的时光，我进行了美篇设计，让学生配乐朗读文章。在图片、音乐、文字及声音的作用下学生被深深地触动了，看见几位学生一边看一边擦眼泪，学生都流露出依依不舍的神情。在最后的问题：What do you want to say to your teacher? 学生边哽咽边说，情绪都被感染了。学生畅所欲言，用语言抒发感情，用语言带动情感，用情感激发语言。

2. 教学反思

“话题式”复习课教学要以提高学生语言为目标，精练话题，创设情境，增强学生运用语言的能力。我们教师要尽可能创设话题情境，以听、说、读、写、做方式进行，让学生使用语言，并使用话题内容的核心词汇和句型来表达话题，借此提高自己的语言水平。所以教师既要立足于教材，又要深入挖掘多种教学材料，用于设计活动和任务，使学生在各种情境中进行体验、进行交流。

三、结语

单元主题复习课要有整体话题意识，教师要立足教材，对教材认真解读，对教学目标进行合理定位；复习课要创设有效情境，活动设计要有的放矢，培养学生听说读写的能力要有侧重点，不要求面面俱到，但也不能忽略某项技能；复习课也要注重输入质量和时间，等待学生合理输出，而不是一味追求完美；复习课教师应善于从书本出发，关注学生情感体验，结合学生生活实际启发他们的思维，帮助学生不断发展。

参考文献

[1] 列夫·托尔斯泰. 童年　少年　青年 [M]. 北京：人民文学出版社，1984.

[2] 中华人民共和国教育部. 义务教育英语课程标准（2011年版）[M]. 北京：北京师范大学出版社，2012.

作业设计案例

人教版英语（一年级起点）三年级上册 Unit4 Pets小学作业设计案例

珠海市香洲区第二十一小学 黄 珍 林名欣 汤霄玮 冯彩虹

此作业设计为人教版（一年级起点）三年级上册Unit4 Pets的单元整体作业设计。作业作为学校课程的一部分，承担着重要的育人功能，它促进学生全面而丰富的发展。“双减”背景下，提高教学质量的同时，作业要“减量提质”，我们才能实现学习经历的价值最大化。本次作业设计是课堂教学的延续和补充，起着巩固课堂知识，反馈课堂教学效果，了解学生掌握情况等作用，其根本目的在于促进学生全面发展。作为单元整体教学设计的一部分，本次作业的设计是基于单元教学目标和教学内容，各课时的作业体现出了系列化、层次性和指向性。此作业不仅能使教师了解学生，启发和帮助学生，也有助于学生了解自己的学习状况，明确学习方向。

我们的作业设计涵盖：基于教学内容的巩固性作业、基于知识积累的拓展性作业、基于语言实践和能力提升的开放性作业。我们用心“备题”，细心“选题”，精心进行作业设计，布置“量少质高”的作业，以及实践作业，充分体现分层、弹性和个性化特色作业，为学生提供丰富的作业菜单，让学生拥有选择作业的权利和机会。将因材施教、多元融合理念充分运用。此次作业设计既关注学生对具体学科知识的学习，也强调学生学科思维方法的发展和学生自我管理能力的培养，比如遇到作业难题时的自我鼓励、对完成作业的时间管理等。既鼓励学生实践参与，也重视学生创新能力的培养。既“瞻前顾后”，考虑到内容的前后联系，也注重“左右关联”，综合考虑与其他学科合作，共同研究设计跨学科作业。作业设计充分体现了“知行合一”，与学生的现实生活结合起来，在真实情境中解决问题，让学生更好地运用所学，实现知识的迁移和创造。注重“与时俱进”，关注社会热点和发展需要，打破时空界限，让作业发挥更大作用。持续激发学生英语学习的积极性，让“好学生吃饱，学困生愿吃”，重视提高综合实际运用能力。树立“减负不减质”“负担减下去，素质提上来”的观念。

根据多元智能理论的发展，为学生设计可选的多种模式分层作业。通过语言智能、数理逻辑智能（单元整体作业调查了解你身边的同学、朋友、家人养的宠物和相应的特征，通过记录、图表整理统计调查结果）、视觉空间智能、音乐智能（本单元的歌曲、chant）、身体动觉智能（在学习新词汇时通过TPR动作，加深对单词和宠物的理解和认识）、人际交往智能（单元整体作业调查、对话课和阅读课的模拟对话）、自我认知智能、自然观察智能（观察你的宠物和身边的宠物的特征、性格、喜好）。通过单元整体作业设计，以多样化的作业形式来满足不同兴趣和学习风格的学生，并且符合不同学生的智能倾向。同时，通过开放性作业和选做作业，让学生自己选择他们喜欢的或者能够证明自己学习结果的方法和表达方式。

一、本单元整体作业目标

（1）能在语境中，正确朗读、书写、背记和运用核心词汇rabbit，duck，chicken，snake，turtle，long，small。

（2）能在语境中，用核心句型I have a chicken. It’s yellow. 进行宠物特征的描述。

（3）能听懂、读懂有关宠物的句子、语篇，知晓语篇内容，获取语篇基本信息，了解相关宠物的信息。

（4）能根据宠物这一话题，有条理地从颜色、大小、身体部位特征等多个方面阐述宠物的特征，表达自己的观点，进行口语和书面表达。

（5）在班级调查、主题汇报等综合实践活动中，通过听、看、读等多种方式获取有关宠物的信息，综合运用本单元的核心语言描述宠物，进行说和写的表达。

（6）收集资料，借助思维导图和统计图，分析整理有关宠物的信息，了解各种宠物的不同特征，以小组合作的方式进行有关宠物的主题汇报，提高分析问题、解决问题的能力。

（7）能科学地饲养宠物，并能用心爱护、照顾好自己的宠物。

二、课时作业

第一课时

题目1　设计意图：通过朗读学过的动物单词和形容词，唤起学生已学的旧知，复习学过的内容，为本节课的口语交际和新学知识的引入做好铺垫。适时为学生创设“动”的机会，让学生在“动”中获得乐趣和继续努力学习的动力和热情。

内容：同学们，你能和你的小组成员一起合作尝试朗读以下词汇吗？看看谁是今天的单词朗读小达人吧！最好是可以加上动作把这些单词表现出来呢！（图3-8）

图3-8

题目2　设计意图：这是一首有关宠物的歌谣，动听的旋律和温馨有爱的画面既能激发学生的学习兴趣，又能对本课的主题内容进行铺垫，使学生对本课的学习有初步的了解。

内容：听一听歌曲*I Have a Pet*，圈出你听到的宠物图片和单词。（图3-9）

图3-9

题目3　设计意图：通过连词成句，培养学生运用语言知识，举一反三的能力。

内容：（图3-10）

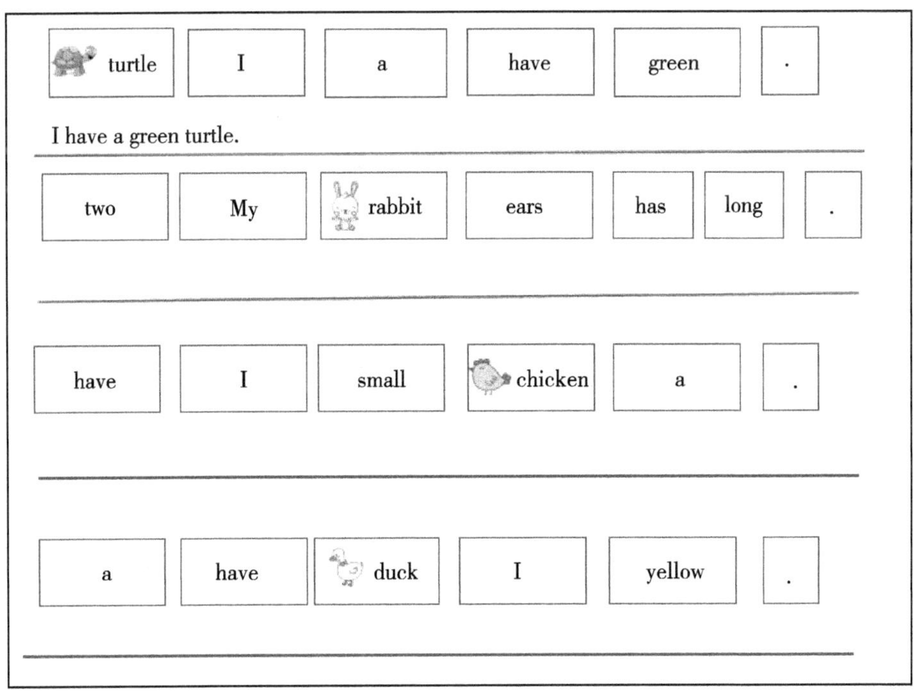

图3-10

答案：I have a green turtle. My rabbit has two long ears.

I have a small chicken. I have a yellow duck.

题目4　设计意图：先让学生聆听歌谣，整体感知关于宠物名称和特征的新词汇。基于歌谣，学习新词汇。接着听唱歌谣，内化语言。然后创设宠物秀的情境，让学生在情境中感知、学习和操练语言。

内容：请同学们听录音，指读不同宠物的名称，然后进行小组练习。组员随机抽取宠物图片并尝试用句型：I have a.../I want a...It's ...来介绍自己（想要）的宠物。（图3–11）

图3–11

题目5　设计意图：节奏鲜明轻快，音韵和谐优美的音乐是学生学习英语的好帮手。将歌曲与句型教学相结合，使句型带有音乐性，同时也降低了教学难度，更利于学生掌握。

内容：大声唱一唱课本第44页歌谣，和小组成员一起替换画线部分单词，对歌谣进行改编表演。

I have a turtle. It's green.

I have a rabbit. It's white.

I have a duck. It's yellow.

They are great!That's right!

I have a snake. It's long. I have a chicken.

It's small. We have five great pets.

And we love them all.

题目6　设计意图：鼓励学生发挥想象力和创造力，图文结合，给自己（想要）的宠物绘制海报，多元化地感知宠物。

内容：主题作业：My Pet画一画，写一写你拥有或想要的宠物。要求：用It's...（big/small/tall/short/thin/fat/beautiful...）来描述它的整体特点，用It

has...来描述它具体的身体部位。（图3-12）

图3-12

题目7　设计意图：通过情境的延续、迁移和拓展，学生以生动活泼的方式操练语言、不断丰富介绍宠物的语言，体会宠物的可爱。

内容：欣赏Marty关于宠物的绘本，认识更多的宠物，完成思维导图。

第二课时

题目1　设计意图：通过小组合作竞猜，有效进行课前预习作业的反馈，游戏中培养学生学会倾听的良好习惯，在句型操练的同时引导学生把学习兴趣转化为学习动机，培养学生的思维能力，形成学习策略。

内容：小组竞猜游戏，小组成员准备好设计的宠物单词卡片，轮流用句型“I have a pet. It’s...”来描述宠物的特点，其他小组成员用“Do you have a...？”来猜猜是什么宠物。猜出来之后所有小组成员一起读一读单词卡片上描写宠物的句子。（图3-13）

图3-13

题目2　设计意图：帮助学生进一步理解重点单词和句型，掌握单词和句型在情境中的灵活运用，规范句子的正确书写。

内容：读一读，选择合适的句子完成对话，并把句子和编号工整抄写在线上。

A. No，but I have a turtle.
B.Yes，it is.
C.It's brown. It has small eyes and short feet.

Joy：Hello，Mike. Is this your chicken?

Mike：________________________________

Mike：Do you have a chicken?

Joy：________________________________

Mike：What does it look like?

Joy：________________________________

题目3　设计意图：本课对话内容学习后，教师结合需要拓展了I Want a Pet 的阅读内容，为没有宠物的学生提供后续学习的情景。此外，阅读内容为后面宠物介绍提供思路和语言积累。利用思维导图与学生一起回顾和梳理绘本主要内容，培养学生总结、梳理习惯，帮助学生形成学习方法和策略。

内容：阅读绘本I Want a Pet并完成思维导图。

内容：读一读，看一看，请你填上正确答案的序号。

1. Do you have a pet? Yes，I have a dog.（　）

A. 　B. 

2. What does it look like? It's white. It has long ears.（　）

A. 　B. 

3. Wow! What a pretty duck! （　）

A. 　　B. 

4. Do you have a turtle? No，but I have a snake. （　）

A. 　　B. 

题目4　设计意图：引导学生阅读对话，学会提取关键信息，通过判断题检测学生对本课时的课外阅读的理解情况，训练学生单元目标语言在具体语境中的识别运用，加深理解。

内容：阅读短文，判断对错，对的写T，错的写F（请结合图3–14作答）。

Mary：Hello，Andy！ Let’s go to the pet shop.

Andy：OK!Let’s go！ What’s this，Mary?

Mary：It’s a cat. Look！ It has two short ears and two small eyes. I like it.

Andy：Is this a duck?

Mary：No，it isn’t. It’s a bird.

Andy：Oh，it’s so small!

1. Andy and Mary go to the zoo. （　）

2. Mary likes cats. （　）

3. The cat has two long ears and two big eyes. （　）

4. The bird is so small. （　）

图3–14

题目5　设计意图：通过设计宠物商店，进行英语、美术跨学科融合创作，灵活运用核心语言和语篇知识进行书面表达输出，让学生根据实际情况和想法进行自由表达，开阔学生的思维，引导学生主动学习，培养学生"用英语做事情"的能力。

内容：设计你的宠物商店并描述你的宠物特征。

	Hello! My name is________. This is my pet shop. I have a ________. It' s________. It has________and ________. I have __________________. It has __________________.

第三课时

题目1　设计意图：把打乱的单词重新组成能描述宠物特征的句子。课堂上在小组内跟同伴分享组成的句子，组内检查句子的正误，同时形成拼图式阅读，在小组合作中完成短文的学习。

内容：全班分成5个大组，同一个大组内的同学将获取相同的1个句子。把拿到的单词重新排序，组成一句有意义的话，并用手写体工整作答。

1 . She，dog，a ，is ，small.

2. black，She，is.

3 . two，has，She，legs，white.

4. ears，She，big，has.

5 . tail，a，She，has，short.

6. dance，can ，She.

题目2　设计意图：通过观察图片，总结宠物的特征，填写思维导图中所缺的内容，进一步复习单词拼写、练习书写和检查对句子的理解。

内容：看书第44页图片，填写思维导图。

1. 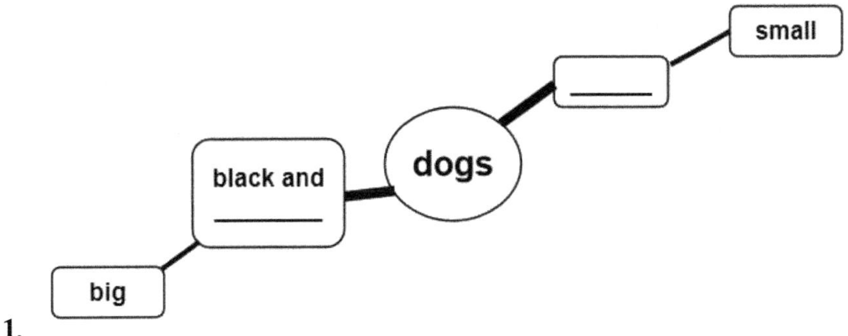

2. 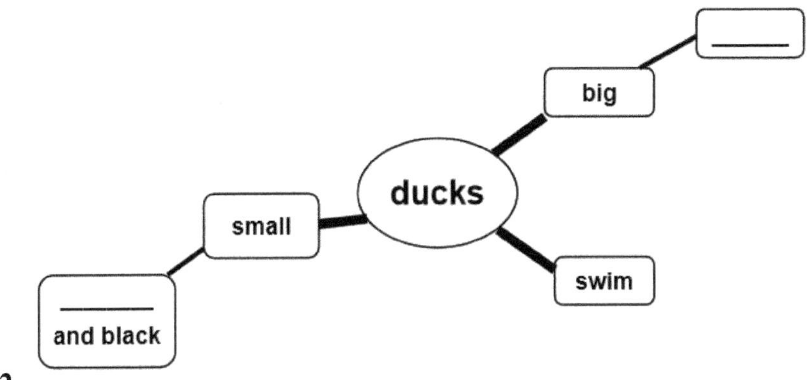

3. 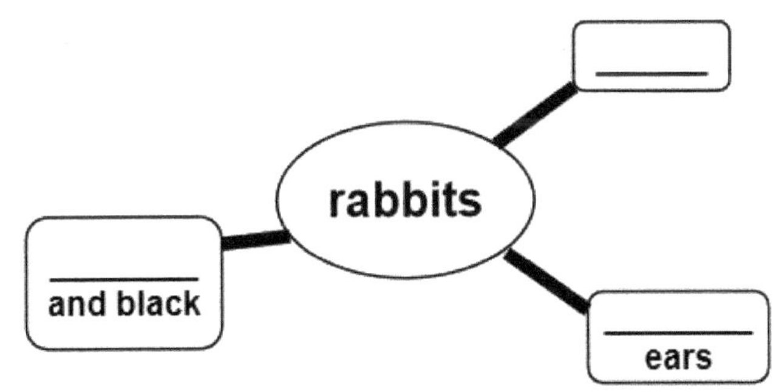

题目3　设计意图：通过创设“小朋友找到狗后，根据寻狗启事上的电话，模拟联系狗的主人”这一生活情境，进行对话练习，加深对文段的理解和巩固语言的运用。

内容：打电话给主人，并补充完整。请跟你的小伙伴演一演吧！

A：Hello，is that Lisa speaking?

B：Yes.

A：Do you have a __________?

B：Yes，__________.

A：What does it __________? Is it __________?

B：Yes，__________. But it has two __________.

A：Are the ears __________?

B：Yes，they are.

A：What about the tail? Is it __________or short?

B：It's __________. Do you find my dog?

A：Let's meet in the park at 4：30 p. m. !

B：OK! Thank you very much!

评价标准：

（1）我能根据短文内容，填出横线上的单词。

（2）我能正确地读出上面的对话。

（3）我能和小伙伴进行角色扮演，合作完成这个对话。

题目4　设计意图：通过阅读宠物特点，画出宠物的样子，既提高作业的趣味性，又进行英语和美术的学科融合。

内容：阅读完上面的宠物描述，你可以试着把小朋友们的宠物画出来哦！如果你喜欢的话，还可以帮这些宠物制作一个好看的、特别的宠物卡。（选择1—2个宠物画）

题目5　设计意图：通过同主题的课外读物，进行阅读积累，扩大词汇量，养成阅读习惯。

内容：请阅读绘本*Dear Zoo*，并简单描述动物的特征。（可以用表格、思维导图或者画宠物卡等形式写出宠物的特征）

题目6　设计意图：通过非连续性文本阅读，进行英语和信息技术学科融合，增强阅读理解能力，提高作业的趣味性。

内容：请根据流程图和动物的特征填空。（图3–15）

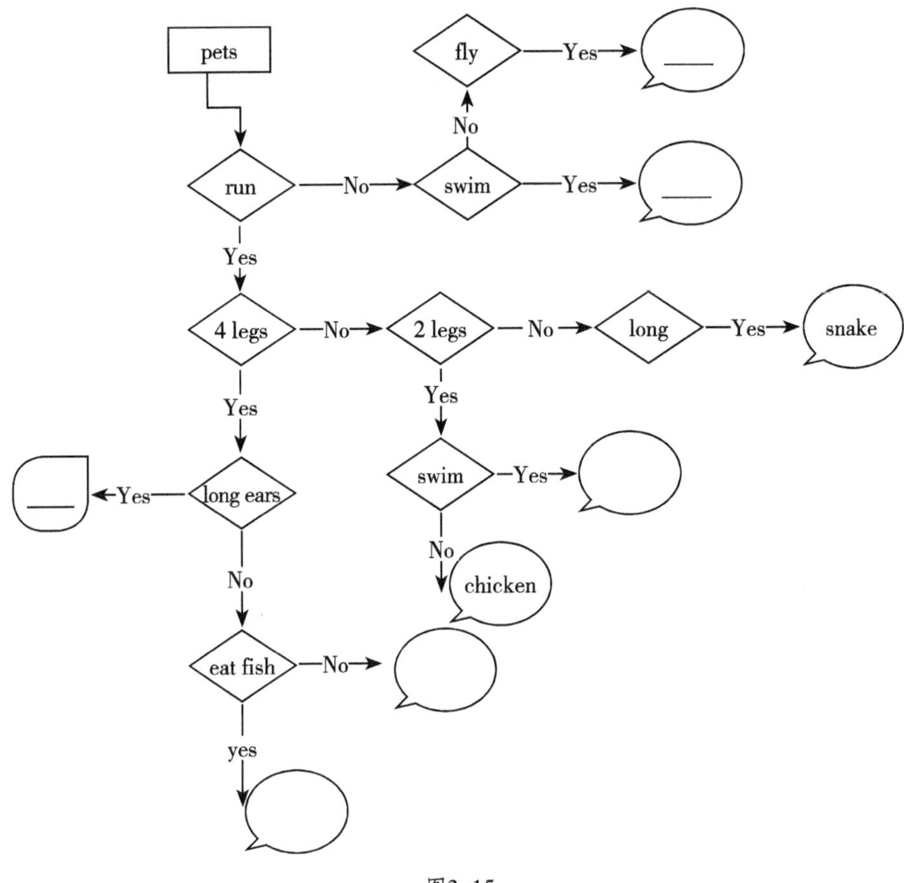

图3–15

第四课时

题目1　设计意图：通过文本和图片的阅读，练习语音单词和句型，完成理解性的题目，增加了练习的深度。

文本内容：

The dog has logs. The fox is on the cot. The dog has a pot. The fox is on the box. The dog has a hot pot. Now the fox is hungry.

1. The dog has logs.（　）

2. The fox is under the cot.（　）

3. The pot is hot.（　）

4. The dog is hungry.（　）

题目2　设计意图：描述和介绍自己的宠物的特征，形成书面文字后通过图片或宠物卡来进行口语表达，与其他人分享你的宠物。

内容：课堂上练习的单词，请你利用字典、网络或者问问家人，查一查这些单词是否存在，同时查一查单词的意思，可以通过写中文或者画图的方式做笔记。

ox：box，cox，dox，fox，gox，hox，jox，kox，lox，mox，nox，pox，qox，rox，sox，tox，vox，wox，yox，zox.

ot：bot，cot，dot，fot，got，hot，jot，kot，lot，mot，not，pot，qot，rot，sot，tot，vot，wot，xot，yot，zot.

答案：存在的单词：ox：box（盒子），cox（舵手），fox（狐狸）。ot：cot（婴儿床），dot（点），got（获得，get的过去式），hot（热），jot（少量），lot（大量），mot（警句），not（不），pot（锅）。

题目3　设计意图：通过再次朗读，复习本节课的单词和句型，逐步培养朗读、阅读和分享的习惯。

内容：请你读一读课堂补充的小短文，并分享这个故事给家人。

The dog has logs. The fox is on the cot. The dog has a pot. The fox is on the box. The dog has a hot pot. Now the fox is hungry.

答案：

评价标准：

（1）我能正确读出上面的单词和句子。

（2）我能流利地跟家人分享上面的故事。

（3）我能根据关键词复述这个故事。

题目4　设计意图：通过手工制作整理本单元知识点，提高作业趣味性，同时给学生自主选择完成作业的方式。

内容：请通过单词转盘、单词小书等不同方式，整理这节课所学的单词。

第五课时

题目1　设计意图：大部分中国孩子对于宠物pet的认知还存在于小猫、小狗的层面，对于snake作为宠物的认知需要慢慢地接受。针对以上文化差异，向孩子们推荐一本牛津树的绘本*The Pet Shop*，打开孩子眼界，增加一些对于宠物范畴的了解。

内容：阅读绘本*The Pet Shop*，找出其中提到的宠物名称。

题目2　设计意图：在聆听跟读Story Time的基础上，唤起学生本单元已习得的宠物名词和形容词，复习巩固所学过的内容，学以致用。从描述宠物的特征，到把学生自己转变为小动物，从自己的视角出发介绍宠物的特征，增加作业趣味性。

内容：If you are a rabbit （snake，dog，bird，turtle），please introduce yourself. 如果你是一只小兔子（小蛇，小狗，小鸟，小乌龟），请根据范例框架介绍你的特征。如果你愿意的话，还可以用图画呈现。

范例：

I am a snake.	I am a ________.
I am long.	I am ________.
I have no legs.	I have ________.
I am fast.	I am ________.

题目3　设计意图：本单元学习了一些宠物和宠物特征的表达，在此基础之上，结合人文素养和实际生活，带领学生反观宠物的需求和对主人的需求，进一步认识人与动物（宠物）的关系，爱的双向关系。

内容：请思考宠物（或具体某一种宠物）的需求：What does a pet need? 可从补充句式的方式和图文结合的方式中选择一种表达观点。（可中英文结合表达）

What does a pet need?

A pet needs...

A pet needs...

A pet needs...

A pet needs...

题目4　设计意图：这是一道与语文学科相融合的趣味性题目，在学生熟练掌握动物单词的基础上，发散思维，双学科结合，体现核心素养的培育。

内容：请写出与rabbit，snake，dog，bird，turtle相关的成语，也可是带有其他动物的成语。

范例：rabbit：守株待兔

snake：________

dog：________

bird：________

turtle：________

答案：画蛇添足，鸡犬不宁，笨鸟先飞，龟兔赛跑

题目5 设计意图：观看*I Have a Pet*英文儿歌视频，用语言加动作加宠物叫声三种方式同时表达你注意到的歌曲中的宠物。此处，根据学生的英语学习能力的差异，有的可以用叫声表达，有的可以用单词表达，有的可以用动作表达，这样操作，让回答问题的积极性高涨，增加学生的作业完成积极性，从而带动本课对于动物特征描述的学习主动性，让更多的学生收获英语学习的自信。

内容：观看*I Have a Pet*英文儿歌视频，用语言加动作加宠物叫声三种方式同时表达你注意到的歌曲中的宠物。最后，一起边做动作边演唱这首歌曲。

语言支架（歌词）：

I have a pet. He is a dog. He says woof. I have a pet. She is a cat. She says meow.

I have a pet. He is a mouse. He says squeak. I have a pet. He is a bird. He says tweet.

I have a pet. She is a fish. She says glub. I have a pet. He is a lion. He says roar.

题目6 设计意图：鼓励学生发挥想象力和创造力，运用Story Time的宠物特征描述句式，图文结合，制作一份Pet Show手工绘本，介绍自己喜爱的宠物。

内容：主题作业，制作Pet Show手工绘本，介绍自己喜爱的各种宠物。

绘本语言支架：

Look at the __________.

He/She is __________. He/She has __________. He/She can __________.

附

单元整体作业（跨课时）

单元整体作业导语：你喜欢小动物吗？你想养宠物吗？你知道怎么更好

地饲养宠物、让你的宠物健康快乐地跟你一起生活吗？本单元，我们将通过作业，了解各种不同的宠物，探索不同宠物的需要、如何更好地饲养宠物。希望你认真学习，让你的宠物健康快乐地生活，让你和宠物相互陪伴、相互珍爱。

【单元整体作业】My Pet

Part1. Make a survey about pets.

设计意图：除了课堂上所学的一些常见的宠物，鼓励学生通过调查对话的方式去了解身边的人养的宠物，激发学习兴趣。

内容：课堂上我们学习了rabbit，cat，dog，chicken，duck，snake等不同的宠物和它们的特征。请你以小组为单位，设计一个调查表，了解并记录一下你的同学、朋友都养了些什么宠物，有什么特点。

Part2. Make a chart about your survey.

设计意图：通过数学的统计和图表，整理调查问卷中收集到的信息，帮助学生了解宠物的不同类型、不同特点。通过作业实践，巩固已学的旧知，习得不同学科间的运用能力，发展综合能力，实现作业的生成和强化功能。

内容：请你根据小组的调查问卷表，整理出宠物的类型和不同特点，通过图表（饼图、柱状图等）的方式展示出来。

Part3. Make a presentation or create a pet book.

设计意图：单元整体作业以单元重点语言能力逐步提升为关键，将两个小任务作为最终汇报的框架，学生在互相分享各自的成果后，可以自由选择分组合作完成汇报的形式。根据个人的喜好和能力选择口头表达或笔头表达，面向全体学生，尊重学生之间的差异性，作为实现作业高阶功能的学习任务，单元整体作业体现了探究实践性、思维表现性和情感体验性。

内容：根据自己的喜好，以小组为单位选择以下其中一种方式进行主题汇报。

方式一：Make a presentation.

方式二：Create a pet book.

单元整体作业评价方式：①书面作业和汇报作业结合；②教师评价：等级加评语；③学生自评：等级加评语。

三、反思与改进

作业反思评价内容从以下八个方面进行。

（1）育人为本：作业要落实立德树人根本任务，确保正确的价值观，体现德智体美劳全面发展的育人理念。作业不仅要巩固知识与技能，发展学生解决问题的能力，还要培养学生的责任心、坚持性，激发学生的学习自信，培养学生的学习兴趣。同时，作业也要考虑对学生德育、审美、劳动能力等方面的价值。

（2）目标一致：作业单元目标要符合学科课程标准规定，要兼顾知识、能力、态度等方面的目标。

（3）设计科学：作业内容要科学，素材选择要关注思想性。作业要用语精练，要求明确，易于理解，答案正确。

（4）类型多样：作业设计要体现多种类型，激发学生对作业的兴趣。除了常规书面作业外，还设计听说题、合作题、开放题、综合实践等类型的作业。在作业内容、题型、完成方式等方面体现新颖性，同时考虑可操作性。我们还探索跨学科作业设计，以发展学生真实情况下的问题解决能力。

（5）难度适宜：作业设计要避免出现难度过高或过低两种极端情况。教师根据学生实际，设计符合所任教班级学生实际情况的作业。

（6）时间合适：保证学生作业时间在合适的范围内，确保学生的睡眠时间。

（7）体现选择：在确保作业差异性时要考虑，是否体现了对不同的学生有不同的作业要求？是否允许不同智能倾向的学生选择完成不同的作业？是否允许不同的学生用自己喜欢的方式完成同一项作业？是否给不同学业水平的学生搭建了不同的“脚手架”？作业的选择和差异性不仅体现在设计上，还表现在批改、反馈与辅导上，对于不同作业水平、性格特征的学生，教师在反馈辅导的方法上也要有所差异。

（8）结构合理：作业设计考虑了单元、课时的作业纵向结构，也考虑了不同年级的层次性、递进性，以及不同学科作业之间的衔接性和关联性。

（本篇作业设计案例获得2022年珠海市义务教育作业设计优秀案例）

粤人教版小学英语五年级上册Unit1 Seasons and Weather作业设计案例

珠海市金湾区第一小学　李凤

一、案例介绍

本案例“Seasons and Weather单元作业设计”选取粤人教版英语教材五年级上册Unit1 Seasons and Weather学习内容；以《义务教育英语课程标准（2011年版）》《珠海市义务教育学校学科作业设计指引（试用）》为依据，整体把握单元作业目标与教学目标之间的关联，确保作业内容以目标为导向，根据作业需要，把握关键问题，进行单元整体教学设计和作业设计。

“Seasons and Weather单元作业设计”整合了五年级上册Unit1各个课时的教学重难点，围绕单元主题Seasons and Weather确定单元教学目标和单元作业目标，以提高单元作业设计的有效性。本单元的整体教学设计以发现四季之美、绘画四季之美、欣赏四季之美、交流四季之美、探究四季之美为主线贯穿五个课时。单元作业设计坚持目标导向，聚焦单元整体设计，关注学生发展，旨在发展学生的语言能力、文化意识、思维品质和学习能力的英语学科核心素养，落实立德树人的根本任务。

围绕单元主题Seasons and Weather以及教学目标精准确定每个单元课时的作业目标，做到整合板块，有效设计。使单元作业设计更适合学生需求、更具校本特色且带有趣味性。帮助学生在完成作业的过程中感知语言的多元功能，初步形成逻辑思维、信息提取、知识归纳、准确描述、情感表达等能力。确保单元作业设计的有效性，单元课时作业设计的递进性，体现育人价值的实践性。

第一课时发现四季之美，教学内容整合了教材中Story，Vocabulary以及Practice1等板块。以感受四季变换视频呈现新课题Seasons and Weather，开启发现四季之美的新篇章。围绕主题“Four Seasons in a Year”进行核心词句的学习，能够运用恰当的词语描述不同季节的天气和美丽景色。设计了观察图片判断季节、根据图片描述四季等作业，帮助学生观察和发现同一季节里同时存在不同天气的美丽自然现象。

第二课时绘画四季之美，教学内容整合了Vocabulary以及Target两大板块。以天气预报为载体，帮助学生了解不同天气符号代表的天气现象，利用不同符号或图标辅助天气预报。围绕“My Favorite Season”话题绘制思维导图。从认知天气图标到自主设计图标，从体验天气预报到呈现自己最喜欢的季节，鼓励学生用自己的方式完成表达输出，体现个性化的理解。

第三课时欣赏四季之美，教学内容整合了Practice2以及Activity等板块。从听说天气预报出发了解全国各城市在同一天的天气情况，了解各地不同的天气特点，学会欣赏自己所在城市（或家乡）的美好季节和天气。

第四课时交流四季之美，教学内容为Reading and writing板块。通过阅读Kevin和Dagang两人交往的邮件，对比China和Australia两国不同的季节和天气情况，了解南北半球气候差异的常识。引导学生通过篇章阅读，发现China和Australia两国的气候虽然不同，但季节给人们带来的美是一样的。初步培养学生的逻辑思维、信息提取、情感表达等能力。

第五课时探索四季之美，教学内容为More Reading and Writing板块。以Kate的提问“Why does it rain? ”激发学生对自然现象的好奇心和探索欲。通过阅读，在情境中联系上下文体会天气词汇的名词形式和形容词形式的语用功能。了解自然现象雨的形成过程，探索大自然的秘密。

本单元的作业设计以主题Seasons and Weather为核心，以体验天气预报、了解各地天气等项目为线索，为整个单元教学创设一个有连贯性的情境，各课时作业紧密关联，每一课时的作业都是单元作业项目的一个部分，层层递进，环环相扣，循序渐进地完成单元教学目标和教学内容。

本单元的作业设计的创新点还在于课前设计了前置任务“单元长作业”，利用“设计天气图标”“记录天气情况”等跨课时、跨学科的长效任务驱动学生完成整个单元的学习体验，让学习的策略和方法显性化；课后的综合训练能够做到覆盖单元目标，整体设计评价，包括听力、词汇、阅读运用等内容，题型结构合理，难易适中，突出单元核心语言知识的评价，并将主题元素渗透在各题型中，提高了单元作业的整体性。

二、单元作业目标

通过对《义务教育英语课程标准（2011年版）》以及粤人教版《英语》五年级上册Unit1教材的研读，结合金湾区第一小学五年级学生实际英语学习水平和认知特点，制定了单元作业目标和单元任务。学生通过单元学习后，能够模拟天气预报，正确使用本单元核心词汇、句式和语篇结构从天气、景色、活动等多方面描述珠海的天气、景色和人们的活动等。下面将从知识与技能、过程与方法、情感态度价值观三个维度来明确在单元学习中语音、词汇、词法、句法、语篇等板块的具体作业目标和要求。

1. 知识与技能

（1）能够了解字母y在单词中的常见发音，能够通过听音、辨音识别核心词汇spring，summer，fall，winter，sunny，rainy，windy，cloudy，cool，dry，wet，warm等。

（2）能在语境中朗读、拼写核心词汇spring，summer，fall，winter，sunny，rainy，windy，cloudy，cool，dry，wet，warm，并能够正确运用这些词汇，掌握其音、形、义。

（3）能够在语境中认读词汇favorite，season，weather，flowers，leaves，hometown，report，China，Australia，go ice skating，make a snowman等，并理解其在句中的含义。

（4）能够熟练运用一般现在时以及本单元核心词汇和句型What’s the weather like in...? / It’s...in...in...完成语言交际任务，进行提问与回答。

2. 过程与方法

（1）能够在情境中联系上下文获取语篇的关键信息，体会天气词汇的名词形式和形容词形式的语用功能。

（2）能够在语境中正确朗读、理解和书写核心句型What’s your favorite season？ It’s... because I can...并运用句型进行询问和应答，尝试描述特定地点、特定时间的天气情况和人类活动。

（3）能够整合所学词汇和句型，在谈论家乡天气的情境中，有条理地阐述自己家乡的四季、天气情况、活动以及喜爱之情。

3. 情感态度价值观

通过语篇阅读，在语言实践活动中感受中国与澳大利亚不同的气候情况，进一步了解天气与人类活动的关系；结合阅读理解，深入了解天气变化的原因，激发探索大自然的好奇心，初步建立环保意识。

单元作业目标细化呈现表见表3–18。

表3–18

板块	目标序号	目标内容	能力要求	学科教学要求	维度
语音	1	字母y在单词中的常见发音	A	能够了解字母y在单词中的常见发音，能够通过听音、辨音识别核心词汇spring，summer，fall，winter，sunny，rainy，windy，cloudy，cool，dry，wet，warm等	知识与技能
词汇	2	关于四季和天气的核心词汇	B	能在语境中朗读、拼写核心词汇spring，summer，fall，winter，sunny，rainy，windy，cloudy，cool，dry，wet，warm，并能够正确运用这些词汇，掌握其音、形、义	
	3	篇章阅读中的关键词汇	B	能够在语境中认读词汇favorite，season，weather，flowers，leaves，hometown，report，China，Australia，go ice skating，make a snowman等，并理解其在句中的含义	
词法、句法	4	一般现在时it 的用法	C	能够熟练运用一般现在时以及本单元核心词汇和句型What's the weather like in...? / It's...in...in...完成语言交际任务，进行提问与回答	
	5	天气名词与形容词的形式	B	能够在情境中联系上下文获取语篇的关键信息，体会天气词汇的名词形式和形容词形式的语用功能	过程与方法
	6	认读、理解和书写核心句型，并运用句型问答	C	能够在语境中正确朗读、理解和书写核心句型What's your favorite season? It's ... because I can...并运用句型进行询问和应答，尝试描述特定地点、特定时间的天气情况和人类活动	

板块	目标序号	目标内容	能力要求	学科教学要求	维度
词法、句法	7	记叙文的基本信息和结构	C	能够整合所学词汇和句型，在谈论家乡天气的情境中，有条理地阐述自己家乡的四季、天气情况、活动以及喜爱之情	过程与方法
语篇	8	准确的句型描述，表达真实的情感	B	通过语篇阅读，在语言实践活动中感受中国与澳大利亚不同的气候情况，进一步了解天气与人类活动的关系；结合阅读理解，深入了解天气变化的原因，激发探索大自然的好奇心，初步建立环保意识	情感态度价值观

三、课时作业设计思路

本单元以seasons and weather为教学话题设计了五个具有内在联系的课时。五个单课时相互之间形成一个有机的教学过程，完整地体现了学生学习知识与技能，形成了思维品质和情感态度价值观的过程与方法。在单元作业的设计过程中，充分考虑英语学科的特性，以巩固学生语言知识，发展听、说、读、看、写等技能，形成综合语言运用能力为基础作业目标。单元作业还应当具有发展学生思维品质，培养文化意识，提高学习能力的功能，因此，单元作业目标与单元教学目标保持一致，相互关联。

我们将通过前置任务“单元长任务”、课时作业以及课后训练“单元小测”三个板块的作业设计帮助大家深入了解四季的天气，探索四季变换的奥秘。希望你能用英语与他人分享自己喜欢的季节及原因，描述家乡的四季、天气、景色、活动之美，热爱大自然，热爱珠海！

在生活中，我们可以通过许多途径获得关于各地天气变化的信息，请勾出你在完成Seasons and Weather单元主题作业中需要的信息途径：

□ TV电视　　□ Internet网络　　□ newspaper报纸

□ interview访谈　　□ others其他方式

（一）单元长作业

在单元学习前布置，贯穿整个单元的学习，最后形成作品展示。

1. 基础性作业

收集学到的天气词汇，设计专属天气图标。

设计意图：此作业目的是通过前置任务驱动学生在单元学习过程中收集关于天气的词汇，并通过设计图标，激发学生创意，将其思维可视化。该部分共设计了15个空，预计完成情况为6—15个不等，属于跨课时综合性作业，预计完成时长累计约为10分钟。

我的专属天气图标见表3-19。

表3-19

weather					
signs 我设计的图标					
weather					
signs 我设计的图标					
weather					
signs 我设计的图标					

答案：略

2. 拓展性作业

A. 用英语记录珠海（或你家乡）一周的天气情况。

设计意图：此作业通过用英语记录某个地方一周的天气情况，来考查学生是否能够运用核心词汇和句型介绍这个地方一周的天气情况并做好信息收集。该部分共设计七天各三个项目的信息记录，属于跨课时综合性作业，需要持续一周关注天气预报，预计完成时长累计约为15分钟。

我记录到的天气情况（表3-20）

Hello! I'm ________. It's in ________ （季节）now. This is the weather of ________ （my hometown）in a week. It's ________ on Sunny. We will feel ________. Take care of yourself!

表3-20

	Sunday	Monday	Tuesday	Wednesday	Thursday	Friday	Saturday
Weather 天气							
Temperature 温度							
Feelings 感觉							

答案：（参考）

Hello! I'm <u>Flora</u>. It's in <u>winter</u> now. This is the weather of <u>Zhuhai</u> （my hometown）in a week. It's <u>rainy</u> on Sunny. We will feel <u>cool</u> . Take care of yourself!

记录情况：Weather（sunny，rainy，windy，cloudy，snowy...）

Temperature（18℃—23℃，17℃—25℃，17℃—25℃……）

Feelings（cool，hot，cold，warm...）

B. 根据一周的天气记录，口头介绍珠海（或你家乡）的天气情况。

设计意图：根据记录用英语介绍珠海的天气情况。考查学生是否能够运用核心词句描述珠海的天气情况，语言准确，流利表达。预计完成时长10分钟。

我是天气预报员

Hello! I'm ________. It's in ________ （季节）now. This is the weather of________，my hometown in a week. It's ________ on Monday. It's ________

____

____

____

It's very nice. You can go out to play. You can ______________________

____

____

____

I like Zhuhai. Do you like it?

答案：略

（二）各课时作业

第一课时：Four seasons in a year.（Story & Vocabulary，Practice 1）

1. 基础性作业

A. 朗读教材文本，故事对话，背记核心词汇。

设计意图：此部分为课时作业，共设计3小题，属于口头朗读作业，预计完成时长5分钟。目的在于通过朗读帮助学生掌握正确的语音语调以及核心词句的音、形、义。

Self-assessment自我评价见表3-21。

表3-21

I can read the story fluently. 我能朗读课文故事	The story of Unit1，on page 8	☺ 😐 ☹
I can say the seasons in a year. 我能说出四季的名称	spring，summer，fall，winter	☺ 😐 ☹
I can write the weather of the seasons. 我能写出四季的天气	sunny，rainy，windy，cloudy，cool，dry，wet，warm，hot，cold	☺ 😐 ☹

答案：略

B. 看图，结合课文对话，写出下列季节及其天气情况。

设计意图：此部分为课时作业，共设计4小题，属于书面作业，预计完成时长5分钟。目的在于通过填空，考查学生是否能够在语境中读懂课文，能够拼写核心词汇spring，summer，fall，winter，sunny，rainy，windy，cloudy，cool，dry，wet，warm，并能够正确运用这些词汇。

（1）It's ________. It's ________ and ________ in ________.

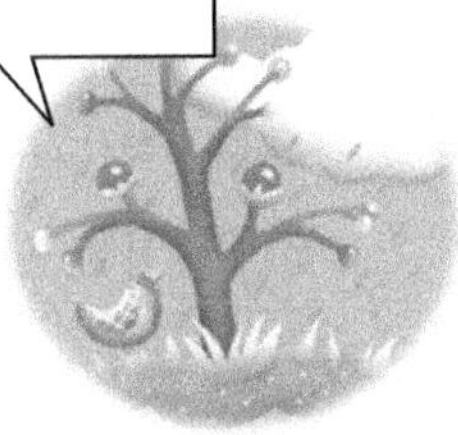

（2）It's ________. It's ________ and ________ in ________.

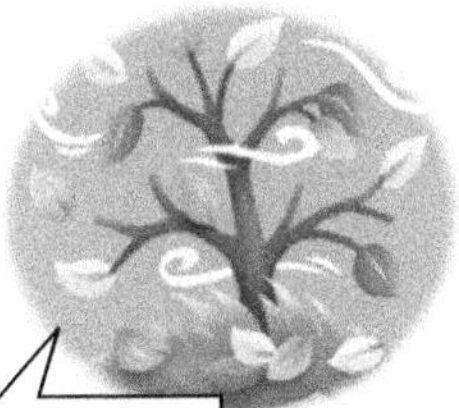

（3）It's ________. It's ________ and ________ in ________.

（4）It's ________. It's ________ and ________ in ________.

答案：

（1）It's spring. It's rainy and warm in spring.

（2）It's summer. It's sunny and hot in summer.

（3）It's fall. It's windy and cool in fall.

（4）It's winter. It's snowy and cold in winter.

2. 拓展性作业

A. 阅读下列句子，分别写出所描述的季节。

设计意图：此部分为课时作业，共设计4小题，属于书面作业，预计完成时长5分钟。目的在于通过阅读、判断所描述的季节，填写出季节的单词。考查学生是否能够在语境中读懂语段，能够获取关键信息，并拼写出季节的词汇。

（1）Look at the flowers. They are beautiful. It's warm. We like to go to the park.

Question：What season is it？ It's ________________.

（2）It's sunny and hot. We can swim at the beach. We like to eat ice cream.

Question：What season is it? It's ______________________________.

（3）Look at the leaves. The leaves are red，yellow and orange. It's windy and cool.

Question：What season is it? It's ______________________________.

（4）It's very cold. Sometimes it's snowy. We can make a snowman.

Question：What season is it? It's ______________________________.

答案：

（1）spring.

（2）summer.

（3）fall.

（4）winter.

B. 结合实际情况，填写关于你喜欢的季节的信息，并用句子描述。

设计意图：此部分为课时作业，共设计4小题，属于书面作业，预计完成时长10分钟。目的在于通过表格梳理最喜欢季节的天气及活动，考查学生整理归纳关键信息的能力，并写出正确的句子进行书面表达。（表3–22）

表3–22

Season I like	Weather	Things I can do

Hello! I'm ______________. I like ______________. ______________

____

____

____

答案：（参考），（表3–23）

表3–23

Season I like	Weather	Things I can do
summer	sunny and hot	play on the beach，go swimming

I like summer. It is sunny and hot in summer. I can eat some ice cream. I can play on the beach. I can go swimming. I like swimming very much. I sometimes swim in the sea. I can have great fun in summer. Which season do you like?

第二课时：This is my favorite season.（Target & Sentences）

1. 基础性作业

A. 看图3–16，完成句子，每空一词。

设计意图：此部分共设计5小题，属于书面作业，预计完成时长5分钟。在图片的提示下，填充句子，描述图片信息，写出季节和天气相关的句子，正确拼写出词汇。

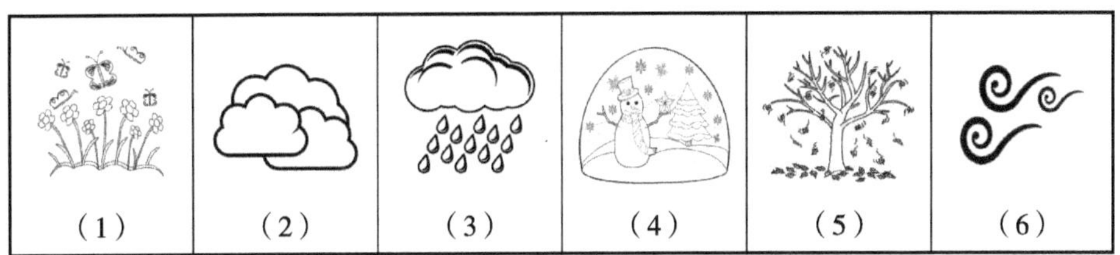

图3–16

（1）The flowers are beautiful in spring.

（2）It's __________ today. We can't see the sun（太阳）.

（3）It's __________ in Zhuhai in summer.

（4）I don't like __________. It's too cold.

（5）The leaves are orange in __________.

（6）It's __________ outside（在外面）. We can fly a kite.

答案：

（1）The flowers are beautiful in spring.

（2）It's cloudy today. We can't see the sun（太阳）.

（3）It's rainy in Zhuhai in summer.

（4）I don't like winter. It's too cold.

（5）The leaves are orange in fall.

（6）It's windy outside（在外面）. We can fly a kite.

B. 根据实际情况，回答下列问题。

设计意图：此部分为课时作业，共5小题，属于书面作业，预计完成时长5分钟。目的在于通过问题引导学生思考更多关于四季和天气的信息。

（1）How many seasons are there in a year?

____

（2）What's the weather like in fall in Zhuhai?

____

（3）Is it snowy in winter in Zhuhai?

____

（4）Do you like spring in Zhuhai?

____

（5）What's your favorite season?

____

答案见图3–17。

（1）There are four seasons.

（2）It's cool.（此为开放式题目，有多样化的答案windy，sunny...都可以）

（3）No，it isn't.（此为常识性题目，珠海冬天不下雪，只能否定回答）

（4）Yes，I do. / No，I don't.（此为开放式题目，可根据答题者喜好回答）

（5）It's fall.（此为开放式题目，四季中选最喜欢的作答）

2. 拓展性作业

A. 绘画思维导图，、景色以及活动等。

设计意图：此部分为课时作业，共1小题，属于开放式书面作业，预计完成时长5分钟。目的在于通过思维导图，引导学生梳理关于“favorite season最喜欢季节”的相关信息。学生可以选择画图、词组归类等感兴趣的方式完成此作业，为“My Favorite Season”主题写作收集整理素材。

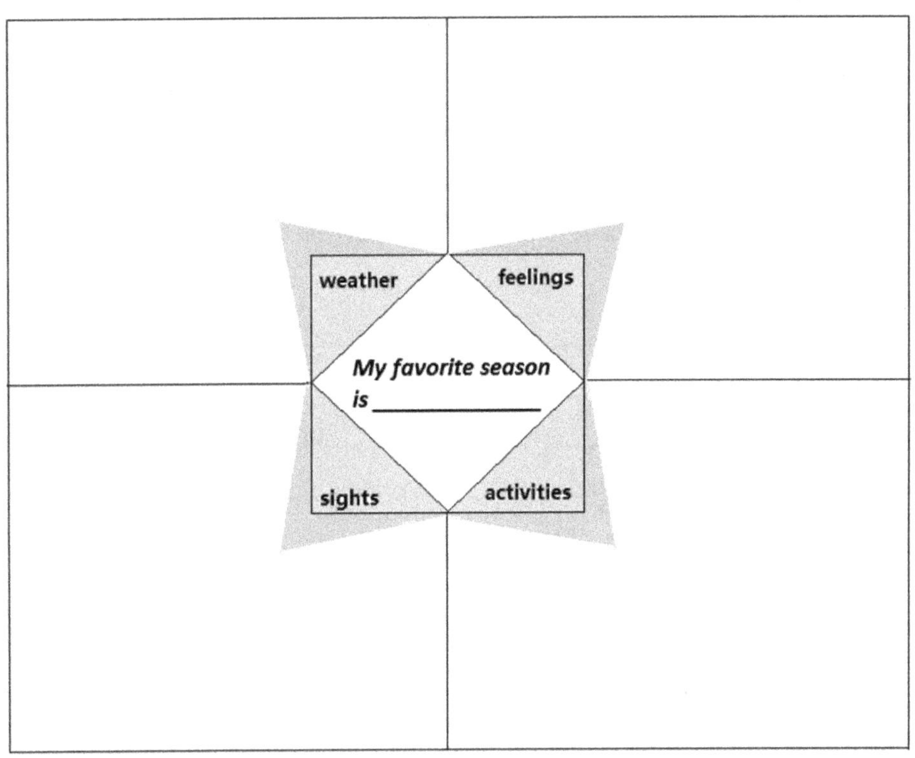

答案：（实例），见图3–17。

图3–17

B. 根据思维导图，以My Favorite Season为题写作文。

设计意图：此部分为课时作业，共1小题，属于书面表达作业，预计完成时长5分钟。目的在于通过填空式写作引导学生根据思维导图整理的信息，有逻辑有条理地对最喜欢的季节及其天气、景色和活动等进行准确描述。

My Favorite Season

Hello! I'm __________. There are __________seasons in a year. They are __________, __________, __________ and __________. My favorite season is __________. It's __________ in __________. The leaves are __________. We can see __________. We can __________ in __________. I like __________ best.

答案：My Favorite Season

Hello! I'm Flora . There are four seasons in a year. They are spring , summer, fall and winter . My favorite season is fall . It's windy and cool in fall. The leaves are yellow . We can see many fruits on the trees . We can fly a kite in fall . I like fall best.

第三课时：Weather in different places（Activities，Reading and writing）

1. 基础性作业

A. 根据教材第12—13页的邮件内容，补充短文。

设计意图：阅读理解教材第12—13页的邮件内容，尝试整合复述两篇短文传达的意思，培养学生抓获信息，重组信息的能力。此作业为理解类客观题，预计完成时长约5分钟。

Here is the fun weather of the world（世界天气）. It's 1. __________ now. It's winter in 2.__________, but it's 3. __________ in China. It's cold in Australia today. Please don't go 4. __________ outside. But it's 5. __________ in China today. You can have fun in the sea. Thanks for listening. Have a good day.

答案：1. July 2. Australia 3. summer 4. swimming 5. hot

B. 根据图片的地点和图标，说出城市的天气情况，回答下列的问题。

设计意图：此部分为课时作业，共5小题，属于书面作业，预计完成时长8分钟。目的在于通过问题引导学生了解不同的城市，天气情况也不同。

（1）What's the weather like in Guangzhou?

____

（2）What's the weather like in Beijing?

____

（3）Is it sunny and hot in Shanghai?

____

（4）Is it rainy in Zhuhai?

____

（5）Can we make a snowman in Harbin?

____

答案：

（1）It's sunny in Guangzhou.

（2）It's windy in Beijing.

（3）No，it isn't. It's cloudy.

（4）Yes，it is.

（5）Yes，we can.

2. 拓展性作业

A. 阅读短文，选择正确的答案。

设计意图：此部分为阅读理解作业，共5小题，预计完成时长5分钟。通过篇章阅读，了解一个澳大利亚朋友对珠海及其天气情况的介绍，进一步了解不同地方的天气。

I'm John. I come from Australia. Now，I live in Zhuhai. It's a very beautiful city. It's not big but it's very clean and people here are very friendly. I like the weather here best（最）. It's not too hot in summer or too cold in winter. There are four seasons in a year in Zhuhai. I can go swimming and eat some sea food in summer. I can't go skiing here in winter because it doesn't snow in winter. It is summer here when it's winter in Australia.

（1）John is from ________.（　）

A. China　　B. America　　C. Australia

（2）Zhuhai is a very ________ city.（　）

A. big　　B. hot　　C. clean and beautiful

（3）John can ________ in summer in Zhuhai.（　）

A. go skiing　　B. eat fruit　　C. go ice-skating

（4）When it's summer in Zhuhai，it's ________ in Australia.（　）

A. fall　　B. summer　　C. winter

（5）John ________ Zhuhai.（　）

A. likes　　B. doesn't like　　C. doesn't live in

第四课时：Seasons in China and Australia

1. 基础性作业

A. 阅读短文，填写关于中国和澳大利亚不同天气的信息。（表3–24）

设计意图：此部分为课时作业，共1小题，属于书面作业，预计完成时长5分钟。目的在于通过表格梳理和问题引导，帮助学生感受中国与澳大利亚不同的气候情况，进一步了解天气与人类活动的关系。

There are four seasons in a year. They are spring，summer，fall and winter. The seasons are different（不同的）in China and Australia. When it's summer in China，it's winter in Australia. When it's fall in China，it's spring in Australia. In China，it's fall now. It's cool and windy. We can fly a kite and go to the park. But in Australia，it's spring now. It's rainy. We can plant trees in spring. How funny is it（多么有趣啊）!

表3–24

	China	Australia
What season is it now?		
What's the weather like?		

What can we do?		

答案见表3–25。

表3–25

	China	Australia
What season is it now?	fall	spring
What's the weather like?	cool and windy	rainy
What can we do?	can fly a kite and go to the park	plant trees

B. 联系上下文，补全对话，选择相应的编号，把句子抄在四线格上。

设计意图：此部分属于书面作业，目的在于在情境中通过表格梳理和问题引导，帮助学生感受中国与澳大利亚不同的气候情况，进一步了解天气与人类活动的关系。预计完成时长5分钟。

A. Is it rainy in fall? B. Is it sunny today? C. Can I fly a kite in fall? D. Yes，it is. E. It's windy and cool.

In the living room...

Gogo：Good morning，Jenny.

Jenny：Good morning，Gogo.

Gogo：（　）

Jenny：No，it isn't. It's rainy.

Gogo：Oh no，I can't play outside today. Is it fall now?

Jenny：（　）

Gogo：（ ）

Jenny：No，it isn’t.

Gogo：What’s the weather like in fall?

Jenny：（ ）

Gogo：（ ）

Jenny：Of course!

Gogo：Great! I hope（希望）it won’t（不会）rain tomorrow.

答案：B D A E C（句子抄写略）

2. 拓展性作业

A. 阅读不同人物对天气的介绍，了解世界不同地区的天气，在表格中写出相应的信息。（表3–26）

设计意图：此部分为课时作业，共1小题，从教材中改编而成，属于书面作业，预计完成时长8分钟。目的在于通过表格梳理和问题引导，帮助学生感受全球不同地区的气候情况。

I live in Australia. It's hot and dry in December. Summer in Australia is from December to February. Winter is from June to August.

It's very cold at the north Pole and the South Pole. I don't see any people there. I only see ice and snow. People say there's no spring, summer or fall there.

表3–26

	What season is it now?	What's the weather like?
China		
Australia		
Kenya		
The North Pole		
The South Pole		

答案见表3–27。

表3–27

	What season is it now?	What's the weather like?
China	winter	cold and windy
Australia	summer	hot and dry
Kenya	summer	hot and rainy
The North Pole	winter	very cold
The South Pole	winter	very cold

第五课时：Rain comes from clouds（More reading and writing）

1. 基础性作业

A. 阅读教材第16页短文，理解并回答下列问题。

设计意图：通过问题引导学生阅读书本第16页短文，精读文本，理解大意。此题为主观题，预计完成时长约5分钟。

（1）What's the weather like today?

____

（2）Does Kate like sunny days?

____

（3）Does Kate like rainy days?

____

答案：

1. It's sunny today.

2. Yes，she does.

3. No，she doesn't.

B. 根据图片提示，尝试复述短文“Why does it rain？”并填充关键信息。

设计意图：通过图解引导学生阅读理解跨学科篇章，并通过挖空帮助学生进行复述Why does it rain？此题为主观题，预计完成时长约5分钟。

Rain comes from ①__________. Some clouds are ②__________. Some are thick. They tell people a lot about ③__________. There is ④__________ in a cloud. There is a lot of water in ⑤__________ or gray clouds. Sometimes there is ⑥__________ ⑦__________ water in a cloud，so the water falls down. This is rain!

答案：①clouds ②thin ③weather ④water ⑤black ⑥too ⑦much

2. 拓展性作业

A. 阅读短文，选择最佳的答案。

设计意图：通过阅读短文了解山东省的天气情况，并针对本单元核心词句，利用挖空进行训练。此题为客观题，预计时长约5分钟。

Hello，I'm Lisa. I'm in Shandong now. There are four（1）__________ in a year. In spring，it's green with pretty（漂亮的）（2）__________ everywhere（各处）. I like to have a picnic（去野餐）with my family in the park.（3）__________ comes after（在……之后）summer. Farmers are busy in fall. I can pick（摘）apples in the garden.

Mandy is my good friend. She is in Shandong，too.（4）__________ is her favorite（最喜欢的）season. It sometimes snows in winter. We can（5）__________ a snowman together. We are very happy.

（ ）（1）A. seasons B. weather C. weeks

(   ) (2) A. snowmen   B. umbrellas   C. flowers

(   ) (3) A. Spring   B. Fall   C. Winter

(   ) (4) A. Weather   B. Winte   C. Windy

(   ) (5) A. make   B. play   C. fly

答案：A C B B A

（三）课后检测

1. 基础性作业

A. 听录音两次，选出所听到的单词，并把编号写在括号里。

设计意图：通过在语句中辨别相近发音的单词，训练学生对本单元语音知识在具体单词中的识别，提高学生的语音意识。此题为客观题，预计时长为3分钟。

(1) A. sunny   B. Sandy   C. Sunday   (   )

(2) A. rainy   B. rain   C. red   (   )

(3) A. windy   B. winter   C. weather   (   )

(4) A. cold   B. city   C. cool   (   )

(5) A. body   B. boy   C. baby   (   )

听力材料：听录音两次，选出所听到的单词，并把编号写在括号里。

(1) It's sunny today.

(2) Is it rainy in spring in your hometown?

(3) What's the weather like in Guangzhou?

(4) Zhuhai is my hometown. It's a big city.

(5) Look at the baby. He's lovely.

答案：C A C B C

B. 听录音两次，选择最佳答句并把编号写在括号里。

设计意图：考查学生对所听内容的理解能力以及根据问题进行回答的反应能力，促进交际能力的发展。此题为客观题，预计完成时长为5分钟。

(1) A. It's hot.   B. It's warm.   C. It's cold.   (   )

(2) A. Yes，it is.   B. No，it's cold.

C. Yes，it's hot.   (   )

(3) A. It's cold in winter.   B. It's rainy.

C. It's cool in fall. ( )

（4）A. The leaves are green. B. They are my friends.

C. They are leaves. ( )

（5）A. It's windy. B. It's winter.

C. I like today. ( )

听力材料：听录音两次，选择最佳答句并把编号写在括号里。

（1）What's the weather like in winter in Beijing?

（2）Is it hot in Harbin in winter?

（3）What's the weather like in spring in Zhuhai?

（4）What color are the leaves in spring?

（5）What's the weather like today?

答案：C B B A A

C. 选择正确的单词填充句子。

设计意图：此题通过在情境中选择正确的单词，加深学生对词性的理解，帮助学生掌握天气形容词和名词的用法区别。此题为客观题，预计时长为6分钟。

（1）A：How many________（seasons/weather）are there in a year?

B：There are four.

（2）A：What's the weather like today?

B：It's________（sun/sunny）and hot.

（3）A：Is it________（rainy/ rain）in spring?

B：Yes，there is much________（rainy/ rain）.

（4）A：Is it________（cloud / cloudy）in fall in Zhongshan？

B：No，it's________（windy/ wind）.

答案：（1）seasons （2）sunny （3）rainy ，rain （4）cloudy ，windy

2. 拓展性作业

A. 选择正确的答案，并把编号写在括号里。

设计意图：通过问答配对练习，帮助学生熟练运用本单元核心句型进行询问与回答。此题为客观题，预计完成时长约为5分钟。

（1）What's the weather like today?（ ）

A. It's cool. B. It's winter.

（2）What's the weather like in summer？（ ）

A. It's hot and sunny. B. It's rainy and cold.

（3）What color are the leaves in fall?（ ）

A. They're white and black. B. They are red，yellow and orange.

（4）What can you do in spring?（ ）

A. I can make a snowman in winter. B. I can ride a bike in spring.

（5）It's winter in Australia. It's ____ in China.（ ）

A. summer B. winter

答案：A A B B A

B. 阅读短文，判断对错，对的写T，错的写F。

设计意图：通过篇章阅读获取信息，训练学生综合运用语言知识的能力。此题为阅读理解客观题，预计时长为5分钟。

There are four seasons in a year. They are spring，summer，fall and winter. It's warm and rainy in spring. The trees are green and the flowers are beautiful. We can plant trees and play in the park. I like summer very much. It is hot and sunny. I like to eat ice creams. And I can swim in the swimming pool. Fall is a beautiful season. The leaves are yellow and the weather is cool and nice. We can eat many fruits in fall. It's very cold in winter. Some cities are snowy in winter but some are not，such as Hainan. It's warm in Hainan. I like to go to Hainan in winter. I like the four seasons very much.

（1）（ ）There are five seasons in a year.

（2）（ ）It's warm and rainy in spring.

（3）（ ）I like to go shopping in summer.

（4）（ ）We can eat many fruits in fall.

（5）（ ）Hainan is snowy in winter.

答案：F T F T F

C. 写作表达。以“The Weather in My Hometown”为题，写一写你家乡四季的天气情况。（不少于八句话）

设计意图：此部分为语言综合运用的书面作业，目的在于让学生在书面表达方面得到训练和巩固，同时注重引导学生关注生活的环境、天气和活动等，培养学生积极生活的态度。预计完成时长5分钟。

答案：（学生作业样例，见图3–18）

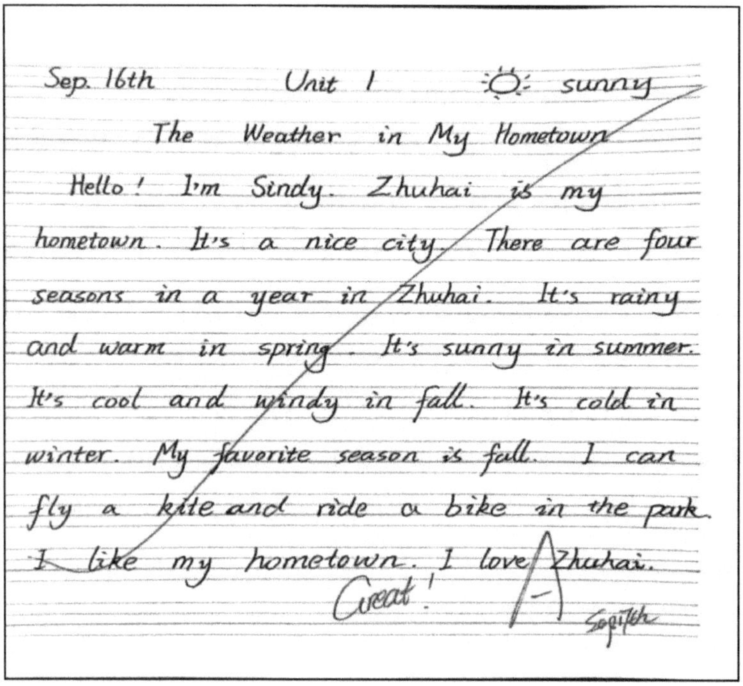

Sep. 16th Unit 1 sunny

The Weather in My Hometown

Hello! I'm Sindy. Zhuhai is my hometown. It's a nice city. There are four seasons in a year in Zhuhai. It's rainy and warm in spring. It's sunny in summer. It's cool and windy in fall. It's cold in winter. My favorite season is fall. I can fly a kite and ride a bike in the park. I like my hometown. I love Zhuhai.

Great! A

图3–18

四、反思与改进

本单元作业设计案例根据小学英语单元整体教学设计路径，将教学中的作业设计部分进行系统性思考，确保单元作业和单元教学的一致性。在单元作业目标的制定中，以语言能力发展为基础，同时融合文化意识、思维品质和学习能力的发展，注重夯实基础知识和基本技能，立德树人，发展学生英语学科核心素养。呈现了单元教学整体设计，作业目标与教学目标的一致性；教学课时统筹安排，强调作业递进性；提升语用能力，突出语言交际的实践性等创新特点。

1. 单元教学整体设计，遵循作业目标与教学目标一致性

在单元作业设计的过程中，以单元学习目标为导向设计适合学生需求和具有针对性的作业题目，让学生在作业的过程中感知语言的多元功能，初步养成逻辑思维、信息提取、知识归纳、准确描述、情感表达等能力，以确保作业实践活动成为课堂活动的真正延伸，为帮助学生巩固新知识、形成新技能发挥积极的作用。

2. 统筹安排课时教学，强调课时作业递进性

本案例各课时作业渐次递升，帮助学生不断巩固所学，将新知融入原有的知识框架中，逐步掌握知识，形成能力，体现了语言学习的持续性和渐进性。随着课时作业的递进，相同的核心语言不断复现，但语言水平和思维层面逐步提升。整体逻辑架构严密，构成学生必要的学习经历，逐步引导学生深入思考，初步探索全球气候不同的奥秘。

3. 提升语用能力，突出语言交际的实践性

在语境中实现语用，让学生体验、感悟和提升各项语言能力，学会用语言做事情。本案例设计了情景对话、复述短文等语言实践活动（作业），在图解的帮助下，学生在探究雨的形成的同时也检测了其语言知识和技能，所设计的具有实践性的单课时作业引导学生了解和掌握相关语言的结构和功能，体验和感悟语言表达的丰富性，逐步形成主动交流的意识。

在单元整体教学设计的视角下，各课时的作业内容并不是独立的、割裂的，而是具有整体性的，各课时作业设计共同指向单元作业目标的达成。在依据目标设计作业内容时，应该考虑结合单元主题做到既能针对核心语言知识进行训练，又能将各课时的作业内容放在统一的语境下，体现单元作业设计的整体性和递进性。同时，进一步探讨根据不同年段、不同主题单元和不同课时的系统性作业设计，将各种高阶思维融入作业中，增加一些思维性较强的创新题型设计。

（本篇设计获得珠海市金湾区2022年义务教育学校作业设计优秀案例二等奖）

第四章

珍和辐射

广东省黄珍名师工作室工作简报（2018年）

广东省黄珍名师工作室再赴斗门区白蕉镇白石小学传经送宝

白石小学 珍和工作室

杨柳吐绿，百花争妍，春天踏着轻盈的步伐如期而至。在斗门区白蕉镇白石小学的校园里，教学教研活动的春风正暖人心脾。2018年3月23日下午，广东省黄珍名师工作室再次莅临白石小学，参加由白石小学和新环中心小学联合开展的“白蕉镇小学英语单元主题复习课例研讨活动”。参加活动的领导嘉宾有：斗门区教育局副局长汪海军，广东省黄珍名师工作室主持人黄珍，斗门区第二中学校长尧国军，斗门区第二实验小学副校长赵刚，白蕉镇教育组组长黄文宁、教研员廖融方，以及来自白蕉镇各校的英语教师。大家欢聚一堂，共同参与了这场教学教研盛宴。

活动的第一阶段，由白石小学的柯佳老师为大家献上一节单元复习研讨课“My School”。柯老师采用开放的教学模式，善于激发学生学习的兴趣，营造轻松活泼、民主和谐的学习氛围。课堂中运用游戏教学，让学生在玩中学，学中玩，让每一个学生都能参与到课堂中。

活动的第二阶段，由广东省黄珍名师工作室教学发展顾问、斗门区第二实验小学副校长赵刚主持，开展了《如何上好单元主题复习课及教材使用》的教学沙龙。在沙龙中，老师们各抒己见，气氛热烈。赵校长以独特的人格魅力、深厚的理论素养深深吸引着与会老师，他以丰富的教学经验为大家排忧解难，老师们纷纷表示受益匪浅。

活动的第三阶段由广东省黄珍名师工作室主持人黄珍老师，做了题为《基于单元主题复习课的小学英语教材整合思考与实践》的专题讲座。黄老师的讲座结合具体的教学案例娓娓道来，就像一场及时雨，滋润着每个渴求进步、渴望成长的老师！ 她以睿智的语言、渊博的学识、独到的见解让大家领略到名师的风采。黄珍老师讲座见图4–1。

图4–1

接着由工作室信息发展顾问、斗门区第二中学校长尧国军，给老师们带来了一个精彩而实用的讲座《校园主题文化建设的思考与实践》。尧校长的讲座就像是一顿丰盛的文化大餐，精美地呈现在大家的面前，让人感觉目不暇接、异彩纷呈，听后回味无穷。

活动最后由斗门区教育局副局长汪海军做总结讲话，他充分肯定了这次教学研讨活动取得预期的效果，同时勉励大家继续深入探讨小学英语单元复习教学的有效模式，要求各位教师不忘初心、潜心育人、志存高远，在教学教研的道路上创造更大的辉煌。

本次教学研讨活动，充分发挥省名师工作室的示范引领作用，有效提升白蕉镇小学英语教师的业务水平，让参加本次活动的老师们对如何进行有效的单元复习有了更清晰的认识，相信我们的课堂将会成为学生向往的学习殿堂。

广东省黄珍名师工作室应邀参加珠海市金湾区三板小学教学研讨活动

高晓霞

2018年5月11日，广东省黄珍名师工作室应邀走进珠海市金湾区三板小学，参加广东省李彩芳名师工作室教学研讨活动。黄珍老师展示了一节三年级单元整合复习课“Colorful Kingdom”，和其他高能量的课程一起，让来自各地的老师们享受了一场快乐教研、幸福成长的盛宴。

黄老师的课突出了英语学科贴近学生实际、知识容量大，思维训练多、口语交际强等整合包容的教学理念。在黄老师的课堂里，你能看到数学、音乐、美术、科学、信息技术等学科的影子，她善于用英语这一媒介，带领孩子们去领略丰富多彩的世界，激发他们的自主思维。黄老师上课场景见图4–2。

图4–2

同时，老师一个个温柔智慧而关切的眼神，一声声真切的鼓励和赞美，同学们真诚的掌声，激发了孩子们争先恐后地举起小手、大胆开口讲英语的欲望和用英语思维的兴趣。如此和谐生动的课堂，都是源于黄老师对每一个细节的关注和雕琢，源于她丰富多样扎实有效的教学方法，听说读写全面推进。教学环节丰富多样，层层递进，内容丰富多变，却统一于聚焦重难点的突破，帮助孩子实现由不会到会的飞跃与成长，统一于全面提升孩子们的英语学科素养。孩子们在生动活泼的英语歌舞、游戏、沙画欣赏、跨文化交际以及一个个精心创设的语境中，不知不觉丢掉了羞涩，越来越绽放，越来越投入。

这样的英语课堂不仅凝聚了老师的智慧和广泛的积累，更展现了老师对课堂的精雕细琢和精益求精。长期在这样的课堂中熏陶的孩子，一定会有更高远的视野和格局。

能够参加此次培训活动真的是非常幸运，感谢广东省李彩芳名师工作室的精心组织，感谢上课老师们的智慧展示，感谢黄珍老师带领我们工作室走出来，接触如此高能量的学习机会和平台。带着满满的感恩和感动，我们将一起一如既往地努力追求成长。

广东省黄珍名师工作室启动会暨教学研讨会

高晓霞　黄 珍

2018年10月10日，广东省黄珍名师工作室启动会暨教学研讨会在斗门区第二实验小学举行。斗门区第二实验小学是2017年才开办的新学校。

今天，上研讨课的是广东省黄珍名师工作室培养对象之一、珠海市斗门区第二实验小学副校长赵刚，赵校曾获得全国优质课竞赛一等奖，他来珠海前担任安徽省马鞍山市雨山区英语教研员，他在国内小学英语界有较高的知名度。来自珠海各区、阳江等地的英语老师以及斗门部分校长一起参与了今天的活动。

下午2点半在阶梯教室内，我们一起聆听了赵老师和斗门区第二实验小学202班48名同学共同呈现的这节单元主题复习课Students，what do you like？40分钟课堂老师紧紧围绕主题What do you like？整合了letter，color，animal and fruit等话题，并运用了5首歌曲，共计6分10秒以及15个文本片段来丰富课堂。赵老师风趣幽默，富有教育智慧。在投影出现问题时，依然淡定从容机智幽默，呈现意想不到的好效果。

丰富的歌曲和生动的视频，营造了轻松愉悦的课堂氛围，孩子们全情参与，连台下的老师都忍不住跟着哼唱起来。丰富的文本中蕴含的广大信息量和思维启发，不仅让多数孩子积极开口说、唱、跳，欢声笑语不断，还牢牢聚焦了学生核心素养的提升。整节课轻松喜悦、信息量大、文本丰富、思维发散，让我们再一次领略到了赵老师的名师风范，人帅课更棒！

课后，赵老师做了一个教学设计说明，他说本节课设计算不上新奇，而是不断输入有意义、有关联的文本去激活孩子的语言表达，激发学生去说、去唱，唤醒孩子们的思维，鼓励真实的自我表达，目的在于多给孩子信息量和思维的启迪，尽量为孩子考虑。他相信为孩子考虑多少，就能设计出多少。要站在孩子语言习得规律的角度，站在孩子的兴趣点去设计课堂。

之后，由广东省黄珍名师工作室主持人黄珍老师对本节课做了简单点评，她说如果用几个关键词来形容本节课的话，那就是风趣幽默、轻松欢快、思维活跃、内容丰富、单元整合、多元融合、贴近生活。课堂也体现了以学生为主，给予学生较大空间自我创编，并取到了意想不到的效果。难得的是赵老师能坚持一学期去教会孩子们一首歌，并让孩子们如痴如醉地喜欢，这份坚持背后有着他坚定不移的英语教学理念以及基于孩子终生成长的考量。她提出在英语课的设计上大家能够更多地考虑到培养孩子们沟通协作能力、独立思考创新能力以及良好的团队合作精神，落实好孩子们核心素养的提升。黄老师对今天远道而来的听课老师表示热烈的欢迎和由衷的赞赏，作为老师确实需要保持一个终生学习的状态。

新一届的工作室成员及培养对象名单前天才新鲜出炉，工作室主持人黄珍老师非常认真用心，及时召集学员们召开2018—2020年广东省黄珍名师工作室启动会。仪式简约精致，细致高效。向新学员们介绍了工作室的整体情况以及新一轮工作室的培养计划、目标等。

黄珍老师回顾了2015—2017年担任广东省黄珍教师工作室主持人的活动经历。从个人成长、工作室成立、团队组建、工作室文化打造和各种活动有序开展，到形成当今自成体系的“珍和”团队文化，都做了详尽的总结。积极向上、和善和美的“珍和”文化也让学员们产生了深深的认同感。让新一届的学员从思想上高度重视并珍惜工作室这个平台，本着开阔视野、提升专业、交流融合、收获友情的初心，不断成长自己，并发挥引领示范作用。

最后，黄老师对学员们提出了几点殷切的希望：大家能根据任务清单，制订计划，明晰自身责任，分步实施。按要求参加研讨及跟岗活动，主动承担公开课、讲座及报道编写。与学校领导、科组及区教研员沟通好，示范辐射，争取多展示。与工作室团队建立融洽的关系，积极承担，分享互助，融合共生。让我们用匠心精神教书育人，撸起袖子加油干，幸福是奋斗出来的，让我们一起携手奋斗属于我们的幸福教育人生吧！

广东省黄珍名师工作室2018年培养对象入室研修班之课程大餐

李凤　黄珍

2018年11月12日，广东省黄珍名师工作室培养对象研修班正式上课啦！

第一道大餐是香洲区第二十一小学周红领校长的讲座《让学生的学习暖暖的》。笑容满面、温暖慈祥的周校长从中医角度给我们分析：人们常吃冷的食物伤身体，伤脾胃；同理得出，学生长期吃冰冷的知识，也会消化不良的，无法获取学习的动力。因此，教师应该想方设法把学习变得暖暖的。

周校长还跟工作室学员分享了一个又一个温暖的小故事：学校即学笑，优点卡，沉浮子和一位老奶奶不断学习的故事。学员们深深感受到了周校长的细心大爱、严谨智慧。周校长以一句“让读书和修德成为每天的必需”令工作室学员共勉！听完暖暖的讲座，大家纷纷表示感触很深，受益很大，并结合自己的教学发表了深刻的感悟。

第二道大餐是参加第四届中国创新教育成果公益博览会。工作室全体学员驱车前往横琴国际会展中心的珠海厅，聆听了北京师范大学珠海分校教育学院教授、院长，黄珍名师工作室的顾问王建成院长的讲座《新时代理解学生理解学习对教师专业发展的意义》，他指出：在人类社会进入人工智能化全球化的新时代，学生的发展需求发生了根本的变化。教师只有在理解学生、理解学习的基础上，选择最适合学生学习的知识，合理关注学生群体和个体的学习特点与个性需求，更新教学方法，更新教学技术，在教学过程中与学生进行有效的互动，才能引导、辅助学生进行深度学习，提升学生的认知水平，从而促进教师专业，体现教师的真正价值。

博览会上，精英荟萃，各种信息化资源在这里汇聚，多元化先进理念与想法在这里碰撞，科技的创新必将给未来的教育带来前所未有的变革。

2018年11月13日上午，珠海市实验中学周树奇主任为广东省黄珍名师工作室全体学员做关于教研和申报课题的讲座。周主任简要给我们讲解了做教研的大致框架和方向，重点阐述了课题研究在选题方面的相关事项，并以2018珠海市规划课题的题目为例，逐一给我们分析哪些题目好，好在哪里，怎样改进。让我们对课题研究、论文的选题都有了清晰的认识。周主任还拿出学员的论文及课题，从题目表述、文体格式等方面逐一地指出优点与不足，并提出改进建议。

下午，广东省黄珍名师工作室受邀来到香洲区实验学校开展研讨活动，黄珍老师带领工作室学员认真听课，细致评课。香洲区实验学校的邱晓红老师和珠海市香山学校高晓霞“同课同构”一节五年级的复习课“Seasons”。课前5分钟的free talk非常精彩，两位老师从介绍自己名字开始，引导孩子进行看图片、说颜色、猜名字等活动……拉近了师生的亲密关系，营造了轻松的课堂气氛。

高晓霞老师教态自然，从容亲和，比一般年轻教师都多了几分淡定。高老师利用思维导图引导孩子们讨论spring 和 summer两个季节中的天气、衣着以及所见之物，所做之事等。从问答到篇章表述，层层递进。接着通过“What season do you like，Miss Qiu？”向邱老师提问，此时邱老师出场了。

邱晓红老师激情洋溢，活泼热情，立刻感染了听课的孩子以及听课的老师们。节奏明快的一首Chant，引导孩子对fall 和winter喜好的情况及原因进行讨论，并通过篇章填空、替换表达等训练形式，让孩子学会运用英语表达。课堂容量之大，学生获得感之丰满，两位老师配合之默契，无不体现着“同课同构”之优势。

随后，香洲区实验学校张锦荣校长与工作室学员分享了他在实验学校的做法与成效。张校长从一张张的调查问卷出发，发现问题，关注细节，善待教师，让实验学校师生暖意融融。

张校长现场办公，善待教师，做到倾听教师的心声，采纳教师的建议，解决教师的困难，让教师感受到被尊重，被需要，被关怀；坚持学生的养成教育，学生入学鞠躬，见师行礼，见面问好，感恩致谢，道别招呼，实验学校的每一个学生都彬彬有礼。从改变可以看到，到改变可以实现，张校长真正做到以人为本，以师生所需为本。

课后，工作室学员进行了深入的评课讨论，赵刚校长肯定“同课同构”有利于师徒帮教取得更好效果，有助于青年教师成长更快。同时，两位老师在教风格和教学方法上也可以灵活互补，能够拓展学生的学习体验。赵校长还提出了几个值得我们思考的问题并进行讨论：主题=话题吗？复习=重复吗？复习=检测吗？复习课应该如何体现学生对语言的综合运用？单个课时目标与教学过程是如何围绕单元整体目标来进行的？

广东省黄珍名师工作室研修班丰富多样的课程让我们不仅开阔了眼界，提升了理论高度，树立了新目标，还收获了学员间的温情和友谊。珍心真意，共育桃李！

广东省黄珍名师工作室工作简报（2019年）

联合教研促提升，专家智慧促发展

——珍和工作室2019年度学员跟岗研修师德专题培训

李 玲　邱晓红　高晓霞　李翠英　黄 珍

2019年3月21日，广东省黄珍名师工作室的学员们齐聚珠海市香洲区第二十一小学，迎来了新学期第一场师德专题研修活动。此次活动与珠海市周红领名校长工作室联手举办，特邀黄珍名教师工作室顾问——北京师范大学珠海分校教育学院院长王建成教授前来指导。参加共同研讨活动的有珍和工作室顾问周红领校长以及来自江西的校长领导力提升培训班学员们。王建成院长给大家分享了《教师的职业道德修养与生命价值》的专题讲座。

王建成院长首先抛出一个问题：“什么是师德？”接着，王院长娓娓道来：“师”，顾名思义，教师也。“德”是指道德，德的本义是正直。从字形上看，是指一个人的内心思想，内心要做一个正直的人。德的核心，应该是“善”，与人为善。师德，不是任何一位校长强加给教师的，而是教师个人成长发展所需要，必不可缺的。

王院长通过对比《中小学教师的职业道德》与《新时代中小学教师职业行为十项准则》，从心理学和教育学的角度出发，深入浅出地为我们阐释了教师职业道德的核心、教师职业道德修养的意义和主要内容等。他引用了美国联邦首席大法官Earl Warren的话来告诫我们：“教育是帮助一个孩子在未来的生活中更成功地寻求自己的幸福。”

教师职业道德是“以最节约、最有效的方式，促进孩子的成长与发展”。教师最大的师德是：促进孩子的成长，并把孩子培养成适合未来社会发展的人。没有爱就没有教育，但是，仅有爱，不一定能成就教育。教师职业道德修养的意义，一是享受教师职业尊严与快乐的认识基础；二是协调社会关系、解决工作矛盾或冲突的出发点和落脚点。王院长引用斯坦福大学精神病学终身荣誉教授欧文·亚隆的观点：生命必须面对的四个终极问题，即不可避免的死亡、内心深处的孤独感、需要的自由以及生命的意义来告诫我们，让我们思考作为教师这个职业的生命价值。讲座上，工作室成员与王院长进行了积极互动，王院长为大家答疑解惑，他生动幽默的风格深受大家喜爱，老师们不时发出会意的笑声，时而点头表示赞同，时而眉头深锁陷入深思。大家都深深领略到王院长丰富的人生阅历，独特的人格魅力和深厚的教学沉淀，活动在热烈的掌声中圆满落下帷幕。

此次活动不仅实现了理论和实践的相遇相融，也为我们学员们进一步增强职业道德、掌握教育规律、保持教育初心、体验职业幸福指明了方向。

关注小初英语教学衔接，搭建中小学教师教学交流桥梁

——广东省黄珍名师工作室开展珠海市小初英语教学衔接教学研讨活动

赵刚　黄壬贵　李凤　张彩玉　黄海珍　黄珍

2019年4月24日下午，广东省黄珍名师工作室在斗门区第二中学开展了“珠海市小初英语教学衔接教学研讨活动”。珠海市教育科研中心英语教研员李昂、斗门区教科培中心主任王宜祥、斗门区英语教研员何国平与何国雄、广东省黄珍名师工作室团队以及珠海市六、七年级英语教师代表近一百人参加活动。

此次活动由斗门区中学英语教研员何国雄老师担任主持人。珍和工作室学员、斗门区井岸镇第三小学黄海珍老师和斗门区第二中学郑彩雨老师

分别就主题“Our Trips”，展示了六、七年级关于动词过去时的单元主题复习课。

斗门区井岸第三小学黄海珍老师亲和力强，课堂气氛活跃。黄老师从斗门本地特色景观出发，结合自身的美国之旅经历分享，创设了一个讨论旅行的真实情景。课堂上，关于最后一次春游活动的讨论把孩子们的情感推到了高潮。黄老师利用剪影回放，带领孩子们回顾了六年求学之旅的精彩片段。Those days we had together... I will remember forever. 在mind map和写作框架的帮助下，孩子们完成了一次回忆之旅的创作表达。

斗门区第二中学郑彩雨老师思路清晰，教学环节紧凑有序。从动词过去时的词形变化规则的总结到利用句型进行问答对话的运用，郑老师层层深入，循序渐进，引导学生在samples中体验，感悟语言的principle，接着，郑老师利用mind map给学生分析了关于A Trip的写作表达应该包含when，who，where，how，what（activities）等要素，并让学生按要求完成写作。在作文点评环节中，郑老师利用了pad的拍照、同屏、批注等功能，对学生的习作进行了点评，展示了信息技术应用在英语课堂教学中的新尝试。

两节课后，珍和工作室主持人黄珍老师做了题为《如何开展小初英语教学衔接工作》的分享。黄老师从2013年以来一直非常关注小初英语教学衔接工作，并做了这方面的项目研究活动。她就珍和工作室近几年来开展小初衔接项目进行了回顾和介绍，黄老师说基于个人有中小学英语教学的经历，这些年来一直非常关注并带领着团队进行小初衔接的研讨交流活动，已开展了5次相关的市区级研讨活动。她从目前中小学英语教学的现状谈到了开展这个项目研究的必要性，希望工作室能作为一座桥梁，为中小学英语教师提供一个共同学习、交流研讨的平台，建议大家多走进，多了解，共同协作，为提高珠海市的中小学英语教学质量而努力！

接着，珠海市教育科研中心英语教研员李昂老师进行了细致的点评。他肯定了两位老师的课堂都具有学段特色并符合学生的年龄特点。黄海珍老师善于关注学生的情感，从学生的实际生活出发，运用了图片、视频、音乐、网络平台等丰富的素材，从看、听、说、读、写等多方面培养学生的英语能力；教学活动形式多样，有效激发孩子学习英语的兴趣。郑老师的课堂教学重点突出，目标明确；知识点操练循序渐进，层层深入，练习梯度逐渐提升；郑老师对mind map使用，恰到好处，具有逻辑性，能够清晰指导学生进行写作表达。同时，李昂老师也对小学和初中的英语教师们提出了宝贵的建议：适时变换教学方式及教学活动，有效吸引学生注意力，激活学生的思维；语法也是为了表达意思，语言操练应该放在有意义的情境中，体现语言的交际性；在教学中尝试分层教学，设置多层次任务，让不同层次的学生都获得进步。最后，斗门区英语教研员何国平也做了精辟的点评，他指出英语教学应该从真实的语境出发，教师在课堂上应该想方设法创设真实的、接近学生生活实际的情景，让学生有话可说。在真实的语境中学习语言，不管是小学生还是中学生，都是有效的方法，值得中小学教师共同探讨。

珍和工作室希望通过此次活动，能够引起中小学英语教师对小初衔接教学工作的关注，启迪中小学英语教师的教学智慧。

珍和闲云共交流，初心不忘话成长

——广东省黄珍名师工作室走进闲云国际艺术中心开展暑期研修活动

高晓霞　邱晓红　李　玲　李翠英　李　凤　赵　刚

寻得闲云好研修，共同成长迎暑假。2019年7月9日，广东省黄珍名师工作室主持人带领珍和团队走进珠海斗门闲云国际艺术中心，开展暑期研修活动并进行参观学习。工作室成员们在清幽雅致的会议室，做报告、听讲座。艺术、教学、研修，美妙融合；分享、交流、成长，自然而然。闲云国际艺术中心见图4-3。

图4–3

活动伊始，闲云集团董事长赵书芳对珍和团队的到来表示热烈欢迎，曾经也是一名老师的他，在自己和团队的努力下，创办了闲云艺术集团。它是全球最大的油画生产厂家，中国油画出口量排名第一，连续8年获得国家文化出口重点企业。闲云艺术集团致力于打造中小学学生社会实践活动需求的基地，给孩子们良好的艺术熏陶和美学启蒙。闲云正在开展中小学研学实践教育活动，设计开发适合不同学段学生的艺术体验类课程，服务于基础教育，希望能让更多的孩子从小懂得欣赏美、体验美，有一个良好的美学启蒙。

接着，郝磊老师现场弹奏自己作词作曲演唱的原创室歌《珍和力量》，全场老师跟着一起唱，不禁感叹郝老师的才华。随后，工作室信息顾问斗门二中尧国军校长做了《常态下的小组合作学习》的讲座。尧校带领学校开展的小组合作学习的课题，获得了珠海市教学成果一等奖。首先，他简述了小组合作学习的历史，重点提及了约翰逊兄弟合作学习中的五大支柱。小组成员间的相互依赖关系，面对面的相互促进，基于共同目标的个人责任（避免搭便车、吃大锅饭），社会交往技能小组合作技能和小组内部的自我评价。他详细分享了1+1+1激智课堂的内涵和过程，包括如何分组、教师和学生培训、教学活动的程序、小组评价和效果。特别是计分原则、统计资料，其背后蕴含的智慧和付出令我们佩服不已。此次关于小组合作学习的专题讲座，理念新、好操作、方法成熟、关注细节，效果显著。这样接地气的讲座升华了学员们对小组合作学习的认识。

下午，斗门区第一中学黎跃友老师做了精彩的信息技术《极简教育信息技术的应用》的讲座。他从当前崇尚的极简主义生活方式反思教学中信息技术的应用。他跟老师们分享了极简教育信息技术的兴起，极简教育信息技术的特征，如学得会的、能减负的、用得上的、能提升劳动创造性的、能促进专业发展的。针对老师们传统备课的种种低效和负担，黎老师重点分享了101教育PPT的高效备课方式，介绍了很多实用不需要安装的微信小程序以及高效管理课堂激发学生学习兴趣的实用互动工具，如随机点名、放大镜、画词搜索等。各种微课制作等小程序大大丰富了老师信息技术运用的眼界。

随后，珠海市实验中学教研主任周树奇给老师们分享了《专业化教师的发展路径》，他从数字故事分享开始，提出教师的专业成长是有路径的。强调掌握一定的教育教学理论支撑教学，提升对学生的认知非常必要。课题研究要采用科学的研究的方法，如行动研究和实证研究，要有精彩的案例，有体现科学素养的数据表、曲线图等量化方式。以他的博士论文为例，和老师们分享了写好论文的方法就是多看最好的文章和高级别的参考文献。周主任的分享给渴望进一步提升教研能力的老师们很大的鼓舞和实际帮助。

听完工作室报告，主持人黄珍老师做总结发言，希望学员们通过此次研修学习，能够进一步开阔思维，拓宽视野，更好地规划自己的专业成长路径。

最后，在闲云艺术集团办公室刘燕兵主任等工作人员的陪同下，我们一同参观闲云艺术油画展厅、艺术体验馆、涂鸦壁画区以及生产基地等场馆，学员们表示大开眼界，收获满满，意犹未尽。

不忘初心，牢记使命

——广东省2019年度小学英语教师全科教学能力提升研修班暨广东省黄珍名师工作室跟岗研修活动走进香洲区实验学校

邱晓红　高晓霞　黄俏华　黄 珍

2019年10月15日，广东省黄珍名师工作室团队暨广东省小学英语教师全科教学能力提升培训班研修学员来到香洲区实验学校开展教学研讨活动。

上午，广东省黄珍名师工作室学员高晓霞老师和邱晓红老师执教了两节精彩的课例。下午，工作室顾问、珠海市香洲区实验学校张锦荣校长以及珠海市香洲区实验学校英语老师陈燕霞为大家带来了两场讲座。

两节课例是粤人版英语六年级上册Unit3 Staying Healthy 的复习课的同课异构。高老师从free talk，自然引入主题Let's know more about staying healthy. 紧接着围绕主线Mary的故事展开了Why is Mary so fat？What's good for her？What's bad for her？What should she do？等一个个小组讨论，帮助Mary归纳出四个方面的建议：①Have a good diet. ②Have enough sleep. ③Have a good mood. ④Get plenty of exercise，情感教育自然穿插其中。输出环节，让学生通过微信给Mary写建议，设计紧凑完整，学生积极参与。

邱老师从一张图片，引出问题Why more and more people are unhealthy？紧接着由一个微课来揭示，到最后激发学生Help people stay healthy，Let's become healthy volunteers。为了成为志愿者，学生需要完成3个闯关任务。层层递进，大量的文本输入，体现了激活学生思维和培养语言能力的理念，最后输出环节，学生首先观看一个世界上最胖男子Paul Mason的视频，引起学生讨论，学会给他提建议，再回到现实，阅读了一篇有关Miss Qiu Miss's daily life，Miss Qiu is subhealthy，并给邱老师写一封建议信。本课的作业设计也很有新意，先是通过视频read a healthy book，再尝试自己编写a healthy book进行课后延展学习，充分激发了学生的创造性。

课后，两位老师分享了自己的备课历程和设计心得，培训班的学员也纷纷发表听课感言，互相交流共同进步。主持人黄珍老师点赞两位学员老师：勇于接受挑战。在课堂上都为学生输入了大量的文本，利于学生的输出，把英语真实地运用到了实际生活中。其中，高老师教学主线明显，教学思路清晰。邱老师教学充满热情，投入课堂，享受课堂，尊重学生，关注学生的行为习惯，值得我们学习。她还对在座成员提出了3点建议：①实践出真知，要多尝试，勇于接受挑战。②英语不仅仅是一种知识，它要贴合真实的生活，作为一种工具帮助学生认识世界。③老师要形成自己的教学风格，做一个有思想、有内涵、有教学风格的老师。

广东省小学英语教师全科教学能力提升培训班带队韶关学院刘书记也有

感而发，老师做教育要有思考和启发。教学是一门艺术，永无止境，需要不断更新自己的知识与技术，并对黄珍名教师工作室以及珠海市香洲区实验学校表示感谢。

下午，香洲区实验学校陈燕霞老师为大家分享了她在英语分享式教学方面的实践与思考。如何接触到分享式教学，以及这几年的实践、探索、收获和反思，她娓娓道来。通过不断探索，她创建了5种分享活动：①这节课，我来上。②我说我精彩。③我是主角。④我是英语出题王。⑤英语学习经验分享会。通过观看课堂活动时学生的照片和视频，可以看出学生和陈老师都很享受课堂，有获得感和幸福感。

最后，张锦荣校长带了一场学员们期待已久的《名师之名》的主题讲座，他从八个方面：始于冲动；厚于学习；精于课堂；长于本土；立于思想；秀于风格；成于学生；终于格局，为大家阐述了什么是名师以及成为名师的途径。不得不佩服张校长的提炼归纳和总结能力，真实而又极具审美艺术性，让人沉浸其中，智慧与魅力齐飞。

为期一天的教学研讨活动实实在在，情意浓浓，分享多多，收获满满，对所有的参与人员都是锻炼和提升。学习成长路上，我们结伴而行，不忘初心，牢记使命，不断提高自身的综合素质，努力成为一名名师！

珍和团队爱心送教阳春市

赵刚　黄俏华　黄壬贵　郝磊　黄珍

应广东省阳春市教育局的邀请，广东省黄珍名师工作室团队一行六人，于2019年11月29日在阳春市兴华小学开展送教活动。阳春市教育局徐丕威副局长表示欢迎，市教育局教研中心赖红雁主任、英语教研员王明东老师以及全市二百多名英语老师全程参加。

上午9点，在阳春市兴华小学主持人的开场致辞之后，来自阳春市教育局教研室主任赖红雁进行了简短的讲话。随后，阳春市兴华小学胡志坤校长对珍和团队以及前来听课老师们的到来表示了热烈欢迎，并预祝活动圆满成功。

主持人黄珍老师、珍和工作室顾问珠海市香洲区二十一小学周红领校长、助手郝磊老师分别做专题讲座，珍和学员黄俏华、赵刚、黄壬贵老师分别上四、五、六年级单元主题复习课，活动安排紧凑，共有三节展示课及三场专题讲座。

第一节课，由来自珍和工作室的学员黄俏华老师（阳江职业技术学院附属实验学校）带来一节四年级单元主题复习课：My home。黄老师教学思路清晰、层层递进，以让学生在屋中帮助找女儿为主线，让学生成为朋友，并以邀请学生去家里做客为契机，巧妙地进行了home以及各部分功能室的介绍。最后，黄老师还拓展了animal’s home，用动物的家带出课程情感主题：要爱父母，要爱家。

随后，来自珠海市斗门区第二实验小学的珍和工作室学员赵刚副校长给老师们带来一节五年级上册的单元复习课例：What would you like？赵老师用他幽默风趣的语言在课堂开始就掀起了一波课堂浪潮，他通过询问学生的名字和年龄带出吃什么东西才能变得强壮这个问题，并巧妙地引出了本课主题healthy food。赵老师以复习听说对话为主，练习读写为辅，让整堂课变成了跌宕起伏、精彩绝伦的交流现场。其中两个学生还为老师们惊喜地展现出了一次英语小演说家以及小翻译家的风范，又一次推动了一波热浪。该课学生参与感强烈，听课老师们也笑声不断，赵老师因风趣幽默的教学风格圈粉无数。

短暂的休息过后，珍和工作室顾问香洲区第二十一小学周红领校长带来了《学而时习之与自我革新》的讲座，周校长在讲座中通过一个个故事分享了人要不断学习的观点。在分享了习近平总书记也热爱读书的例子的同时，他还分享了阅读的重要性以及阅读对人的作用。另外，除了阅读，他还表示，人要不断自我革新，通过分享富兰克林的13种美德，《西游记》每个角色身上的美德以及雷风恒卦释义，他告诉大家要勤而行之，做个行者。周校长用他朴素的语言带来深度的思考，在场老师都十分认真地记笔记，现场学习氛围非常浓郁。

下午内容同样是干货满满。由珍和工作室学员阳春市春城街道第一小学黄壬贵老师带来了一节六年级单元主题复习课I have a pen pal。课上，黄老师依靠主线介绍笔友，来引出今天的主题pen pal，通过各式各样的练习巧妙地介绍了笔友的基本信息，课上除了听说读写练习，还有好玩的游戏，最后还增设了写作环节，让孩子意犹未尽。

接着，珍和工作室主持人黄珍带来了《亲历美国基础教育见闻与思考》的主题讲座。 在讲座中，黄老师分别从访美准备、访美经历、访美收获等方面分享了自己今年参加哥伦比亚大学高级研修班的见闻，黄老师用严谨又不失幽默的言辞为大家带来了一场不一样的讲座，看着她一张张用心拍摄的访美图片，不禁感叹黄珍老师的认真和细致。她绘声绘色地讲述了两小时，仿佛一场文化盛宴，就如我们自己亲历了一次美国基础教育见闻。

最后，来自香洲区第二十一小学的珍和工作室助手郝磊老师用特别的方式带来了一场《我的专业成长之路》分享。郝老师是一名英语老师兼班主任，她为珍和工作室原创了一首室歌《珍和力量》，她还参与了校歌的编曲。今天，她在现场用吉他演绎了她的新原创歌曲*The road to a better me*，现场掌声不断。歌曲讲述了她从刚毕业的憧憬，因无法将音乐爱好与工作连接，工作一两年后陷入迷茫，甚至严重的自我否定，幸运的是她遇到了黄珍老师这个伯乐，唤醒了她，为她点明方向指明道路，于是她开创了属于自己的工作兴趣结合的模式。她的经历和成长给在座的年青老师很好的示范作用。随后，她现场表演了如何现场制作音乐，并与来自阳春的莫蕊鸿老师进行了现场合作，又为大家带来了新的惊喜。郝老师还演唱了充满正能量、由她作词作曲的珍和工作室室歌《珍和力量》，掌声雷动，久久不能平息。她分享道：年轻人会遇到困难，但不要失去信念，努力提升自己的技能，一定会等到发光发亮的那一天。她提醒大家：不要抱怨自己没有遇到伯乐，在此之前一定要成为千里马。正如黄珍老师说的：当我足够好，才能遇到您。

一天的送教活动紧凑而丰富，培训形式新颖、有创意且富有实效，干货满满。听课的老师意犹未尽，纷纷表示期待珍和工作室能常来。

广东省黄珍名师工作室走进斗门区第二实验小学开展学科融合教研活动

李凤 黄珍

2019年12月11日下午，广东省黄珍名师工作室市级学科融合教学研讨活动在斗门区第二实验小学举行。全国优秀英语教师、顺德教育发展中心英语教研员田湘军老师，斗门区教科研中心王宜祥主任，斗门区英语教研员何国平老师，珍和工作室团队以及来自珠海市各区的英语教师代表参加了此次研讨活动。

首先，全国小学英语优质课大赛一等奖获得者、斗门区第二实验小学赵刚副校长（珍和工作室学员）用英语呈现了一节一年级的双语数学课 Magic Math“Unit17 Addition of 9”。

赵副校长用Numbers song进行导入，复习数字7—10的加与减，学生能熟悉地使用英语句子进行准确表达。赵副校长生动地创设学习情境，带领学生畅游果园，进行水果和数字的整合。通过数数、凑10等方法进行数字8的进位加法列式运算，学生能顺利根据三个步骤进行演算。

赵副校长让学生通过观察、比较、分析，发现规律，积极构建数学思维，如8 plus2 equals 10. 10 can be divided into 1 and 9. 让人难以置信的是入学才几个月的小学生们用响亮而流利的英文回答了赵副校长抛出的一个个数学问题，孩子们灵活的反应、快速的英文作答无不展示出老师日常教学的扎实。赵副校长的课堂，气氛活跃，教学思路清晰，教学内容生动充实，令大家耳目一新，真不愧是英语大师级的课堂。

随后，顺德教育发展中心英语教研员田湘军老师带来一场专题报告《爱在永恒・小学英语教师专业发展》。田老师从自身教学实践和经验作为切入点，引发老师们的思考：一个教师要经历多少磨炼才能成为一个真正的好教师？他围绕以下关键词进行教师专业发展报告：让学习成为一种自觉、让实践成为一种习惯、让反思成为一种快乐、让分享变得有意义。田老师用自己的一个又一个课例告诉我们：教师专业发展不仅需要优秀的英语水平，还需要有丰富的英语教学技能及多元素养。他特别提出：教师成长中专业知识的积累是最基本的要求，不断丰富自己，提升多元素养，才能带来更灵动的课堂。

讲座全过程娓娓道来，笑点频出，精彩纷呈。最后，田老师分享了16字成长关键词："勤于学习，勇于实践，善于反思，乐于分享"。田老师精彩生动的实例中闪烁着真知灼见，幽默诙谐的语言展现出智慧情怀，田老师扎实的专业功底和敬业精神感染了在场的每一位老师，会场不时爆发出一阵阵欢声笑语。

接着，斗门区教研中心王宜祥主任和斗门区英语教研员何国平老师对本活动做了点评和总结。他们对今天的学科融合活动给予了充分肯定及高度评价，对与会嘉宾和老师们的到来表达了热烈欢迎，他们分别感谢田湘军老师、赵刚老师带来的精彩授课。他们高度赞赏珍和工作室主持人黄珍老师多年来秉持着"教育均衡"的理念，胸怀大教育情怀，坚持每年多次带领珍和团队走进斗门区各小学进行研讨送教活动，对斗门区小学英语教学的贡献以及提供的诸多帮助深表谢意！他们还对斗门区小学英语的教研团队以及斗门区第二实验小学教师团队点赞，因为他们丰富了斗门区小学英语教改实践活动。王主任希望斗门区第二实验小学的双语教学能成为学生接受、家长认可、社会赞赏的课堂教学模式，希望斗门区的教育文化节越办越好！

最后，广东省黄珍名师工作室主持人黄珍老师对2019年度工作室活动进行了回顾和总结。她希望工作室团队能珍惜每一次宝贵的学习机会，把握成长机会，用心做好个人成长规划以及年度学习总结。

课堂展风采，教研促成长。观摩名师课例，开阔了视野；聆听名师讲座，汲取了教育智慧。通过本次活动，我们有了更多的教育教学感悟，我们获得了更多的教育教学智慧，我们将在专业发展道路上继续务实前行。

广东省黄珍名师工作室工作简报（2020年）

名师引领促成长，专家领航助发展

——广东省黄珍&袁长林名师工作室联合送教下乡活动

郝 磊 黄海珍 黄 珍

2020年6月24日下午，广东省黄珍名师工作室、广东省袁长林名师工作室两个团队走进珠海市斗门区白蕉镇竹洲小学，开展联合送教下乡活动。参与此次活动的有斗门区教师发展中心王宜祥主任、培训部陈胜强主任、竹洲小学全体教师以及斗门区的部分小学英语教师。本次送教活动分为名师团队示范课、专题研讨分享、学科教学交流和赠书仪式四个部分。

一、名师示范、精彩纷呈

下午第一节课由广东省名师工作室主持人、珠海市名师黄珍老师为三年级的小朋友带来一节英语、音乐学科融合的单元主题复习课。这节课巧妙结合了英语学科和音乐学科的元素，包含了英语、语文、数学等学科知识的应用，设计新颖，教学容量大，极具创意，真正做到了多元融合、学以致用。黄珍老师教学理念新、语言风趣幽默、循循善诱，郝磊老师歌声美妙、现场吉他配乐动听，整节课气氛轻松活跃、有序有趣，学生在欢快愉悦的氛围中认真思考、积极发言，充分体验到学习英语的乐趣，为大家呈现了一节学科素养浓厚的示范课。黄珍老师上多元融合示范课见图4-4。

图4–4

广东省袁长林名师工作室学员黎跃友老师（珠海市斗门一中）为五、六年级的学生上一节主题为“长方体和正方体的表面积”的数学课，他带领同学们回顾了长方体和正方体的表面积公式，还探索了正方体的展开图的几种形式。利用磁铁玩具和纸张学具，让学生自己动手，感受长方体和正方体的特征。这节课课堂逻辑思维严谨，极大地激发了同学们的学习兴趣，深受学生的喜爱。

广东省袁长林名师工作室助手、珠海市第一中学田志云老师为竹洲小学四年级的学生上了一堂“铁杵成针”语文课。田老师用沉稳自信的教态、深厚的文学功底，从李白诗歌背诵小竞赛导入课堂，带领孩子们温故知新，进入新课学习。田老师通过诵读、译读、悟读等方式带领学生充分理解文章内容，并指导学生熟练掌握文言文的学习方法。然后，他带领学生一起进行了文言文的拓展学习，对本节课所学方法进行巩固提升。整节课师生互动频繁热烈，学生发言精彩纷呈，给全体听课老师留下了深刻印象。

下午第二节课由广东省黄珍名师工作室顾问、香洲区二十一小学周红领校长为五、六年级的学生上了一节意义深远的思想品德课“想一想再决定，缓一缓再行动”。周校长引用真实个例、寓言故事，让学生懂得凡事不要冲动，要想一想、缓一缓。周校长博引旁征，语言幽默，笑容慈祥，深深吸引了听课的学生。他引导学生：在人生的旅程中，不会永远平坦宽畅、风和日丽，要学会安忍。所以当我们生气的时候，要想一想、缓一缓，给自己一个冷静的机会，这样就不会做出不理智的行为了。同学们纷纷表示以后遇事要深思熟虑，想清楚再行动，用智慧主导人生，让盲目远离自己。

广东省黄珍名师工作室学员赵刚（斗门区第二实验小学副校长）带来二年级的单元主题复习课。赵刚老师的单元主题复习课What do you like? 结合音乐说唱、动画欣赏、男女比赛等多种教学方法，有效激发了孩子们的学习积极性。赵副校长丰富的表情和有趣的游戏，让孩子们笑声不断。整节课的教学词不离句，句不离篇，真正“寓教于乐”。

广东省黄珍名师工作室助手汤霄玮（香洲区第二十一小学）带来四年级的单元主题复习课。汤霄玮老师为四年级的学生准备了一节Jobs单元主题复习课。她课前利用“动物长大会成为什么”为主线，引导孩子学习“自己成长后会做什么职业”。主题内容清晰分明，环节流畅，教学语言简洁，评价及时有效。汤老师用她甜美的笑容、鼓励的眼神带动学生投入学习中，师生互动好，课堂气氛活跃。

在一年级的课室里，来自闲云国际艺术的高级画师杨琼老师带来了一节主题为“我有一双小巧手”的美术课，带领一年级学生学习一些简单的小手工制作方法和流程。通过手工制作中国国旗的活动，锻炼了学生动手动脑的能力，训练学生眼、手、脑的协调以及培养孩子观察、想象和创造思维等各方面的能力，激发学生对手工制作的兴趣以及培养爱国主义精神。

二、专题分享，智慧交融

课后，斗门区教师发展中心王宜祥主任、省名师工作室团队以及竹洲小学全体老师在会议室开展座谈交流。竹洲小学丁明益校长首先代表学校感谢袁长林主任、黄珍老师组织本次名师工作室联合送教活动，体现了两位老师对边远地区学校师生的关心和厚爱。然后，丁校长介绍了竹洲小学的师资配备、学生生源以及教师在教学、科研、管理等方面的详细情况。丁校长表示他们一直在积极为学生争取教育资源。 他非常期待名师团队的关心、支持和帮扶能更好地促进学校教育教学质量的稳步提升。

斗门区教师发展中心王宜祥主任在发言中表示，感谢市教育局、市教育研究中心对边远乡村学校的关心和帮扶。他介绍了斗门区教育科研培训中心在促进教育均衡发展方面所做的一系列工作，主要包括小规模教育质量提升工程、教研员驻点帮扶、运用信息技术手段开设网络协同课程、组建研修共同体、开展送教下乡、搭建网络研修平台等方式。

在听取了两位老师的发言后，广东省名师工作室主持人袁长林围绕《如何做好教育管理、教科研交流》做分享。他在发言中指出，丁校长作为竹洲小学负责人，能够长期扎根偏远地区乡村学校，推动乡村教育的发展，说明丁校长是一位有责任、有担当、有情怀、甘于奉献的好校长。袁长林结合自身成长的切身体会，指出丁校长和学校老师们能够长期坚持乡村教育工作十分不易，感谢丁校长和老师们多年如一日的辛勤工作和辛苦付出。

随后，广东省黄珍名师工作室信息顾问尧国军做了以《AI时代的教育信息化建设》为题的讲座。首先，尧校长强调了教育信息化的背景、意义、战略任务和对中国教育现代化的重要价值。其次，他结合二中学校的实际情况和老师们分享了学校在教育信息化方面的发展，介绍了包括平板教学、网络教学、校园直播、信息发布、门禁系统、电子班牌、办公系统、多媒体设备控制平台等在学校信息技术中的运用。最后，尧校长和老师们分享了未来智慧教育发展的新趋势和给学校教师们带来的新挑战。尧校长的讲座受到在场领导和老师们的广泛好评。

随后，珠海市教育研究中心赵枫老师和老师们进行了以《省部级优课的创新应用》为题的座谈交流。赵老师指出优课资源的充分利用，要从活动驱动向资源驱动转向，充分利用好“一师一优课，一课一名师”的丰富资源，推动对优课资源的再次应用。赵老师指出，教师要提高赏析优课和运用信息技术的能力。最后，赵老师和老师们分享了优课应用的新模式。赵老师的发言引人深思，给老师们带来了新的思考。

三、学科交流，互助成长

专题分享结束后，大家分学科进行了学科教学交流。广东省名师工作室主持人黄珍老师做英语教学交流《如何上好单元主题复习课》。珠海市第一中学田素伟老师和在场的数学科组老师们进行了深入的研讨交流。田老师在了解了竹洲小学数学教学的现状后，和老师们分享了几款免费教育教学软件，帮助进行数学辅助教学，并和老师们围绕“小升初”和“初升高”的数学衔接问题进行了交流和研讨。珠海市第一中学田志云老师做了题为《小学文言文教学交流》的发言。与会老师就学科方面的困惑向专家团队取经，研味浓郁。

四、爱心赠书，资源分享

广东省黄珍名师工作室、广东省袁长林名师工作室为斗门区白蕉镇竹洲小学捐赠了一批教育教学的书籍。竹洲小学丁校长对工作室的捐赠表示了衷心感谢，他说："这些书籍很及时，很急需！虽然此次活动已经结束，但教研还在路上，我们会继续努力，持续学习。"

本次送教下乡活动内容充实，干货满满，互助成长，意义深远。让参与者的教育教学观念得以更新，课堂教学效率得到提高，教育教学水平在思维的碰撞和智慧的交流中提升。此次活动充分发挥了广东省名师工作室多元融合、携手共进的示范引领作用。名师引领促发展，智慧相融谱新篇。在田园炊烟升起、夕阳西下的美景中，此次送教活动圆满结束。

师徒携手共研讨，谱写成长新篇章

黄 珍　刘燕燕

7月盛夏，荷风送香。为加强对青年教师的培养力度，促进结对徒弟的专业成长，扎实开展师徒结对教学研究活动，2020年7月2日，广东省黄珍名师工作室在香洲二十一小开展了师徒结对徒弟汇报研讨课活动，共同探讨如何有效开展单元主题复习课教学。

来自金湾区平沙实验小学的刘燕燕老师在导师黄珍老师的悉心指导下，认真钻研教材、收集资料、积极备课、制作课件，并进行试课、磨课，最后在香洲二十一小呈现了一节三年级第五单元的复习课Unit5 Clothes。她的课堂气氛轻松愉悦，课堂用语表达流畅自然，课件用心，板书简洁。刘老师以教材课文的"Tony!Where are your pants？"为切入点，运用任务型教学方法串起词句篇四个复习任务。刘老师的课堂上绘本的运用和拓展是此次的亮点。她先后运用视听音频、挖空练习、问题讨论等引导学生识绘本、读绘本。最后引导学生改编绘本，让学生的思维火花在这个环节得到点燃和绽放。刘老师的课堂思路清晰，环环相扣，贯穿丰富的歌曲活动和有趣的绘本让学生在轻松活泼的氛围中巩固旧知并培养思维能力。

研讨汇报课后，徒弟刘老师向师父讲述了自己的备课思路。黄珍老师在肯定了刘老师积极的工作态度和精神面貌的同时，也提出了进一步提升的建议。黄老师指出，刘老师在整体教学思路的设计上应该更加清晰明了，关键词的递进使用要准确。另外，在活动的设计上也应该考虑到班级整体的学习情况，既要备教材，也要备学生，要照顾到后进生的学习，让更多的学生参与到课堂中并获得学习的自信。黄老师的每一个建议都细致、翔实，让授课的老师收获匪浅。

本次师徒结对研讨活动的开展，徒弟教师充分发挥自己的优势，进行创造性绘本教学，展现了在教育理念、学科素养、信息技术以及教学能力方面的努力与进步。徒弟在踏实、勤勉的成长路上与师父结伴同行，倾听谆谆教诲，每一次的磨炼尝试都是一次蜕变。师徒结对，携手共进，相信徒弟们的教学会越来越好。

暑期研修终，深度学习始

高晓霞　邱晓红　黄　珍

2020年8月24日至25日，广东省黄珍名师工作室开展2020年学员暑期跟岗研修汇报活动。珍和工作室团队及来自香洲区第二十一小学、香洲区实验学校和香洲区第三小学的部分青年教师参加了此次的研修活动。本次活动分为三个部分：珍和学员暑期跟岗研修汇报、工作室主持人专题分享以及听取教科研专题讲座。

一、分享交流，互助成长

2020年7月25日至8月1日，主持人黄珍老师组织学员们进行了为期8天的线上研修活动。因特殊时期，黄老师精心筹备，组织学员们学习单元整体教学的线上课程。8天的时间，5场讲座，19节课堂实录和多节说课范例，干货满满，每一位学员认真撰写了研修日志，反复思考总结，形成自己最精华的学习感悟。为了进一步深度学习交流，8月初研修学习结束后，黄老师组织大家在开学前进行学员跟岗研修汇报，以便学以致用，做实新学期教学实践工作。

虽然大家学习内容相同，但不同的人，不同的学习视角，不同的教学经验，不同的学习期待和困惑，形成了各种不同的汇报思路和风格。我们在分享碰撞中，聆听他人的感悟，重新回味被自己忽略但被同学再次深度阐释的点，再次重温彼此都感同身受的点。在交流融合、对比学习中再次深刻领悟单元整体教学的内涵，也进一步反思自己的学习状态，凝练自己的教学风格。

金湾区第一小学的李凤老师以“求学艰辛，定当学以致用”为主题分享了暑期研修的学习感悟。李老师关注学科融合，例如英语整合科学绘本，戏剧教育，为单元整体教学课题研究提供了新思路。

阳春市春城街道第一小学的黄壬贵老师汇报非常完整，以高度概括的方式理性地总结单元整体教学设计中应注意的问题，比如避免碎片化教学，以内容为主、以语篇语境带动语言学习。

金湾区三灶中心小学张彩玉老师结合自己的常态教学习惯和经验，提出在课堂设计时要重视单元主题和话题，设立课时目标时要以递进式而非并列式进行。张老师还提到要丰富个人的生活，将真实的生活场景带入课堂，造就灵动课堂。

珠海市香山学校高晓霞老师通过学习单元整体教学，对于心中的许多困惑：如小学英语课应该怎样上？如何激发学生学习兴趣？如何提升学生的英语成绩？又如何真实培养学生核心素养？她找到了理想的答案：那就是要全力以赴地力行朱浦教研员的这一句话：“没有单元教学的整体思考，就没有教学效益的提升；没有语篇带动的语言学习，就没有学生能力的发展。”

香洲区实验学校邱晓红老师重点分享分为以下几部分：从解读教材，确定单元整体目标；靶向整体设计，落实精准指导；精心设计板书，体现板书功能；以及整体设计作业，实现多元评价来谈自己理念方面的收获。邱老师的分享很细致、接地气，她结合学习收获，谈了自己新学期教学的研究目标与方向：选择板书设计以及多元评价作为自己的研究切入点，力求将单元整体教学设计的理念落实到自己的教学全过程中。

斗门区井岸二小黄海珍副校长分享了自己之前在单元主题方面的尝试，通过学习，更加感受到了它的魅力。单元整体教学模式中，单元内每个课时之间应该体现教学目标与语用任务的层层递进 、螺旋上升。每课的教学过程是以任务为导向，层层推进，形成一条任务链。让学生主动构建意义，它是在教师带领下的学生主体，让学生成为学习的中心，让学习真正地发生。

高新区金鼎一小李翠英老师分享了自己关于单元整体教学的感悟，她从单元整体教学要素的理解，从老师们的课例设计到课堂实施，到最后学生知识的产出，感受到单元整体教学的成功和魅力，他们在教学上的创新精神、持之以恒的精神品质以及团结协作意识给了我们很多启示。

二、继往开来，携手前行

听取完学员汇报后，黄老师做总结发言以及《基于学习共同体的工作室建设》的专题讲座，她用一张张精美的活动图片带领大家回顾了三年来工作室开展的各项专题研讨、送教帮扶等活动，以及大家一起走过的心路历程和媒体对工作室活动的报道，点赞大家逐渐升华的教育教学理念和取得的成绩。作为主持人，她坦言自己这些年得到了很多的历练，看到了很多美丽的风景，结识了很多优秀的教育同行，也遇到了很多实际的困难。这份工作有苦有乐，更多的是学习和成长，最重要的是一份沉甸甸的责任。她希望学员们以及在座的青年教师们能在自己的工作岗位勇于承担，主动学习，提示大家要有互助补位的思想，在团队中积极成长，不断充实丰富自己。

她充分肯定了学员们的暑期研修活动表现和认真的态度。暑期研修终，深度学习始，黄老师期待接下来的半年，大家继续进行深度集体研修，落实单元整体教学，大家积极实践，开展单元整体教学的研讨活动，携手进步。

最后，黄老师就工作室培养要求和任务，给学员提出了要求，希望大家抓紧下半年的时间，用心完成好每一份作业，高标准严要求，给自己三年的学习画上圆满的句号，留下美好的回忆，让自己遇见更美好的未来。

三、学思结合，求真务实

本次研修还非常荣幸地邀请到了珠海市实验中学教研主任周树奇（北京师范大学教育学部教育博士）为工作室学员做题为《从经验走向科学，中小学教科研的实证研究范式》的讲座。周主任热心为老师们带来了教科研方面的宝贵经验，抽象的理念总能被他强大的理科思维高度凝练，既浅显易懂，又风趣幽默。他借助沙漏模型巧妙地展示了一份研究报告的基本要素，如标题、摘要、引言、方法、结果、讨论、结论和参考文献，并对此一一做了清晰的解释。他特别强调研究方法，因为方法不科学结果为零，文献综述的规范和高度也非常重要。聆听周博士的讲座总是感觉时间过得飞快，意犹未尽。他期望老师们带着问题和需求，通过听过的讲座，能够回去修改自己的文章，从而真正体验到改变的快乐。他言语间、细节处无不透露着对教科研的追求和热爱，他深深地感染了我们每一位学员，激励大家勇往直前。

2020年，暑期学习及交流汇报共10天，研修虽然结束了，但真正的学习才刚刚开始。期待在珍和团队，大家一起走在教育教学实践的大道上学思结合，收获满满。

后 记

各位亲爱的读者朋友：

广东省黄珍名师工作室以本书记录工作室及各学员成长的历程，我作为学员之一有幸在后记和大家分享，以共勉。

黄珍老师睿智、豁达，拥有着如山一样的师风师德，她用自己对教育、对英语教学的热爱引领着我们，帮助我们拨开迷雾，亮眼看教育，明眼看教学。这三年里，我们深深懂得教育如山。她请教育专家、教学一线管理者、心理学专家给学员们讲课，拨云见日。她从单元整体教学设计的复习课入手，引领学员们践行核心素养，嘱托学员们用爱育人、用情教学，温暖而滋润心田。

“立德树人”是一种如山的责任，我们深刻领会党和国家对教育提出了更高的要求，将教育事业的前瞻性作为自己投身教育事业的责任，将珠海市乃至广东省的教育要求贯彻下去，开拓进取，不折不扣。黄珍老师在每次活动前中后都始终强调课堂中有德育、练习中有温度、检查中有情感，从细微入手，精心设计，做实教育。

教育是一种爱，人说父爱如山，我更想说“师爱如山”，我们会牢记这三年里黄珍老师对我们的教导以及学员之间的相互鼓励，爱教育、爱教学、爱学生，耐心、细心地呵护着学生们的成长，引领着所在团队实践教育教学的真谛，那就是一切为了学生，珍爱学生。

黄珍老师处处以身作则，要求我们要具有如山一样的胸怀，不仅要提高自身作为英语教师的能力和素质，更要发挥自己的示范引领作用。经过三年的研修培养，全体成员牢记黄珍老师的教诲，用爱的方式传递和传播，带动自己学校，带动所在的区域，带动一方的教育教学管理，不断开拓进取。

三年培养期结束了，但是我们还在“珍和”之光的指引下，披荆斩棘，勇往直前。唯有这样，我们才不会辜负各级领导对我们的栽培和期盼，也不会辜负黄珍导师的苦口婆心和谆谆教导。让我们以工作室的总结为起点，开启传播珍和教学思想和实践的新篇章。

感恩！感谢！感激！我们持续向前，我们有梦想，我们有力量。

祝黄珍导师喜乐顺意！祝各位学员日益精进！祝各位读者吉祥如意！

广东省黄珍名师工作室学员　赵　刚

2023年2月23日